シリーズ
世界の社会学・日本の社会学

Antonio Gramsci

アントニオ・グラムシ

『獄中ノート』と批判社会学の生成

The PRISON NOTEBOOKS as Critical Sociology

鈴木富久 著
suzuki tomihisa

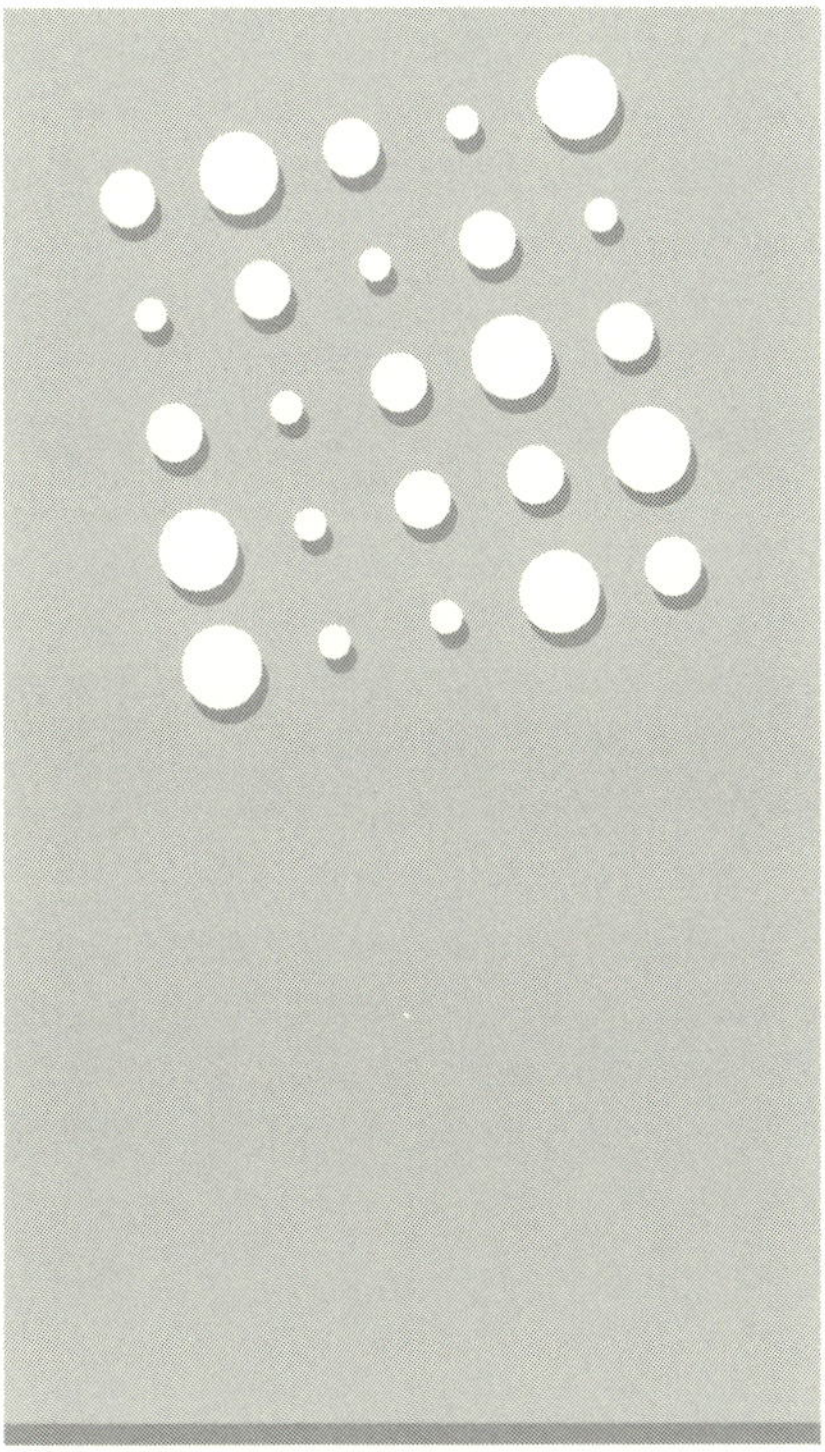

東信堂

「シリーズ世界の社会学・日本の社会学」(全50巻)
の刊行にあたって

ここにこれまでの東西の社会学者の中から50人を選択し、「シリーズ世界の社会学・日本の社会学」として、その理論を解説、論評する叢書を企画、刊行することとなりました。このような大がかりな構想は、わが国の社会学界では稀有なものであり、一つの大きな挑戦であります。

この企画は、監修者がとりあげるべき代表的な社会学者・社会学理論を列挙し、7名の企画協力者がそれを慎重に合議検討して選別・追加した結果、日本以外の各国から35巻、日本のすでに物故された方々の中から15巻にまとめられる社会学者たちを選定することによって始まりました。さらに各巻の執筆者を、それぞれのテーマに関して最適任の現役社会学者を慎重に検討して選び、ご執筆を承諾していただくことによって実現したものです。

各巻の内容は、それぞれの社会学者の人と業績、理論、方法、キー概念の正確な解説、そしてその今日的意味、諸影響の分析などで、それを簡潔かつ興味深く叙述することにしています。形態はハンディな入門書であり、読者対象はおもに大学生、大学院生、若い研究者においていますが、質的には専門家の評価にも十分に耐えうる、高いレベルとなっています。それぞれの社会学者の社会学説、時代背景などの紹介・解説は今後のスタンダードとなるべきものをめざしました。また、わが国の15名の社会学者の仕事の解説を通しては、わが国の社会学の研究内容の深さと特殊性がえがきだされることにもなるでしょう。そのために、各執筆者は責任執筆で、叙述の方法は一定の形式にとらわれず、各巻自由に構成してもらいましたが、あわせて監修者、企画協力者の複数によるサポートもおこない、万全を期しております。

このシリーズが一人でも多くの方々によって活用されるよう期待し、同時に、このシリーズが斯界の学術的、社会的発展に貢献することを心から望みます。

1999年7月

アントニオ・グラムシ
Antonio Gramsci（1891 ～ 1937）

Gramsci et Son Temps, ed. Cesare Colombo, Paris, Pierre Horay, 1979, pp.48-49 より

はしがき

グラムシが、社会学史のシリーズの一巻としてとりあげられるのは、本「シリーズ世界の社会学・日本の社会学」が最初である。ようやく、彼の『獄中ノート』に含まれる社会学的内容が知られ始めてきたからであろう。

グラムシは、その主著が『獄中ノート』であるという希有な思想家である。その名は、彼の国・イタリア以外でも、第二次大戦後、反ファシズムの殉難者、『獄中ノート』の著者としてひろく知られていた。しかし、その思想内容は、一九七五年の『獄中ノート』全編の公刊後も、イタリアを除けば、あまりひろくは知られてはいなかった。ところが、ソ連・東欧体制崩壊の直前あたりから、グラムシへの関心、特に『獄中ノート』への関心の国際的な拡がりがすこぶる顕著になり、その拡大は現在なお進行中である。

グラムシへの関心は、『獄中ノート』自体が驚くべき広範な視野のもとに多種多様な領域に及んでいることから、人文・社会諸科学のほとんどあらゆる諸領域からよせられるようになっているといって過言でない。一九五〇年代後半からグラムシに強い関心が向けられてきたわが国においても、その関心と研究領域の多様化が進んでいるようである。とはいえ、グラムシへの関心には、国内外ともに、現代の社会変革をめざす実践的運動の場から、それに必要な新しい着想やヒントを直接に求めようとする期待によるものが少なくない。確かに、二〇世紀前葉の西欧革命思想であるグラムシの思想には、そうした期待に応えうる内容が豊富に含まれている。しかし、その関心角度にとどまる限り、『獄中ノート』の内的体系性と学的内容を明らかにするという課題は浮かび上がらない。

『獄中ノート』は、一見したところ無数の断片的な覚書の集積であり、それゆえに、グラムシは驚愕的なまでに広い諸領域にわたって考察を及ぼすことができたのではあるが、しかし、その内奥には強靱な方法論的一貫性と複合的な体系性がひそみ、それゆえにまた断片的な考察を次々と書き留めていくことが可能であったともいえる。したがって、直接に実践的な関心を含めたさまざまな関心に応えうるには、この方法論と内的体系性を探りだすことが重要である。この作業は厄介であるが、すでに日本において少数の研究者によって緒がつけられている。こうして本書のめざすところは、第一に、この作業を継承しながら『獄中ノート』の内的体系性と方法論の探求を重ねてきた筆者の従前の研究にもとづき、その体系の概説を試みることにある。第二には、本シリーズの一巻として、その論述において、『獄中ノート』の社会学上の意義がおのずと明らかになるように留意し、そこに「実践の哲学」にもとづいた理論と経験的分析とをともにそなえた新しい批判社会学の生成をみるということにある。

凡例

本書がとりあげるグラムシ著『獄中ノート』の原書は、Antonio Gramsci (1975), *Quaderni del carcere*, Edizione critica dell'Istituto Gramsci, a cura di Valentino Gerratana, Giulio Einaudi editore, Torino, である。本書で引用の際、Qは、『獄中ノート』を、その次の数字は上記ジェルラターナ版（校訂版）編者によって付された各冊のノート番号を、§は同じく各ノート内の覚書に記された番号（覚書番号）を表す。また「Q10Ⅱ」等の場合、ローマ数字「Ⅱ」は、Q10内の第Ⅱ部であることを示す。覚書番号の次のA、B、Cは、Aは初稿、Bは初稿のみの稿、CはAの推敲稿であることをさす。頁番号は、上記ジェルラターナ版のそれである。そこからの引用句で、山崎 功監修（一九六一〜六五）『グラムシ選集』（全六巻）合同出版、に邦訳のあるものについては、「合」でそれを表し、ローマ数字で所収巻番号、次いで頁番号を示すが、訳文は同一と限らない。引用句内の亀甲括弧〔 〕内の記述は、引用者による注記である。

この邦訳選集は現在絶版であるが、覚書の収録量が多いので、これを使用する。現在発行されている邦訳『グラムシ・リーダー』（御茶の水書房）に収録されている各覚書には、ノート番号と覚書番号、ジェルラターナ版の所収頁番号が付されているので、これに収録されている限り、該当する覚書を探し当てることができる。

なお本書では、『獄中ノート』をしばしば『ノート』と略記する。また、本書でいう「覚書」を、「草稿」とよぶ論者も少なくないことを断っておく。

アントニオ・グラムシ——『獄中ノート』と批判社会学の生成／目次

はしがき……iii
凡　例……vi
グラムシ関連地図……2

第1章　グラムシの生涯……3
1　身体障害と貧困……4
2　トリノ大学進学と歴史言語学の修得……5
3　ロシア革命の衝撃と工場評議会運動……7
4　レーニンからマルクスへ……9
5　モスクワ・ウィーン滞在期の思想的転回……10
6　ファシズム支配下の党指導とイタリア分析……13
7　『獄中ノート』の執筆……15
8　仮釈放と最期……19

第2章　『獄中ノート』と本書の課題に関する予備提議……23
1　『獄中ノート』の公刊と世界の反響……24
2　『獄中ノート』体系の解明と本書の位置……26
3　『獄中ノート』の社会学的問題性……29
4　新しい批判社会学の生成……32
第3章　『獄中ノート』体系の構造と「実践の哲学」……37
1　四大主要テーマ――理論と歴史の二重構造……38
2　基調テーマと「構造―上部構造」論の自己言及性……41
3　「歴史的ブロック」と「絶対的歴史主義＝絶対的人間主義」……42
4　「実践の哲学」の自己包括的複合性……44
5　「実践の哲学」の「自立的全体性」と唯物論―観念論問題……46
6　『ノート』の内的体系性と歴史方法論・社会学問題……49
第4章　集合体と個人・人間・人類……53

1　質に移行した量としての社会的集合体……54
2　矛盾を孕んだ集合体における組織化の「必然性」……55
3　「歴史的ブロック」としての人間……56
4　生成としての人間と現実……58
5　人間の自己性と重複成員性・人類の統一と「客観性」……60
6　協同による個々人の自己拡大と「必然―自由」の弁証法……62
7　集合体形成における言語―文化問題の重要性……64

第5章　歴史分析の理論枠組―知識人・階級・ヘゲモニー……67

1　階級史観の再構成……68
2　階級の自己組織化と「有機的知識人」……71
3　基本的階級・強制と同意・支配と指導……73
4　ヘゲモニーの概念と「経済的―同業組合的段階」の超克……76
5　「活動的」＝「教育的」関係と政治的・文化的ヘゲモニー……77
6　上部構造の「二階梯」と「構造」……79

7 「歴史的ブロック」の弁証法と「構造」への共通基盤感覚……81
8 「構造」の現象学的意味転換としての「カタルシス」……84
9 現実の歴史と知識人の諸類型……87
10 「受動的革命」を超える「新しい型の知識人」の形成……90

第6章 拡大された国家概念——政治社会と市民社会……93

1 「国家となった階級」の「現出二形態」……94
2 「国家の経済的—同業組合的段階」から「統合国家」へ……96
3 グラムシ「国家」概念の性格とネップ期のレーニン……99
4 「私的」諸組織の総体としての市民社会……102
5 国家概念の「言語論的転回」と近代法治国家……106
6 「順応主義への意思」・国家の「倫理的内容」としての市民社会……107
7 「必然性と強制」を「自由」に転ずる市民社会……110
8 「政治社会の市民社会への再吸収」と「レゴラータ社会」……113
9 将来社会像の諸側面……117

10　「人間的本性」生成史観と階級史観の一体性……119
11　二つの「全体主義」体制——ファシズムとソ連邦……122

第7章　歴史分析の三次元方法論……127
1　「歴史と政治の研究と解釈の実際的諸基準」……128
2　「実際の現実」と「力関係」分析の基準……130
3　「歴史と政治の文献学」の二側面……132

第8章　「アメリカニズム」分析の方法……137
1　α（哲学）次元と経済法則……138
2　「合理的人口構成」と強制—同意の均衡……140
3　「序言定式」の方法的二区分の発展……144
4　「多様な諸問題」の主要点……148
5　分析の現代性と三次元方法論……152

終章にかえて……155

あとがき……165
引用・参考文献……169
付　録……173
【1】グラムシ『獄中ノート』全冊の構成……174
【2】獄中研究プラン……176
【3】グラムシ略年譜……179
人名索引……182
事項索引……190

アントニオ・グラムシ——『獄中ノート』と批判社会学の生成

グラムシ関連地図

片桐薫『新グラムシ伝』日本評論社、2007年、p. 16をもとに作成

第1章　グラムシの生涯

グラムシの生家

Salvatore Francesco Romano, *Gramsci,* VTET, Torino, 1965, p.544 より

1　身体障害と貧困

アントニオ・グラムシ（Antonio Gramsci, 一八九一〜一九三七年）は、一八九一年一月二二日、イタリア地中海のサルデーニャ島の寒村アーレスに、下級官吏の第四子として生まれた。

ところが、四歳のころカリエスにかかったのがもとで身体障害を負う身になった。成長につれて背中が瘤状に曲がり、身長の伸びも途中で止まってしまったのである。そのうえ一八九八年、父が汚職の嫌疑で逮捕・投獄され、彼の家族は貧困に陥り、恥辱のなかで母の郷里ギラルザに移った。グラムシは、この地で小学校に入学した。

こうしてグラムシの人生は、最初から苦難に充ちていたが、彼はこれにくじけず、体育に努め、いろいろな小動物を裏庭に飼ったり、工作や読書にふけったりする、孤独だが活発な少年に育っていった。彼は後年、このころの自分を「おそろしく理屈っぽく……廉直な心の持ち主」だったと回想している。

この少年は、就業による中学進学断念のあと、独学して中学後期課程に入り、それを終えると、兄が住むカッリャリの高校に進み、一九一一年一一月、奨学金受給生としてトリノ大学文学部に進学した。

イタリアは、一八六一年、北部主導のイタリア王国として曲がりなりにも統一国民国家を成立させたが、土地貴族や大ブルジョワジーの基盤である大土地所有制を打破できず、農民の求める農業改革を欠き、工業化は南部を犠牲にして推進された（南部問題）。この構造的矛盾からことあるごとに農民や労働者の反乱、蜂起、紛争が頻発し、時々の政権は、これに弾圧と懐柔で対処する一方、政界における無節操な多数派工作で権力を維持するという「トラスフォルミズモ（変異主義）」を繰り返した。

こうしたなかで一八九〇年代以降、経済の独占資本主義化と帝国主義化（リビア併合）の進展を基礎にして、革命的あるいは改良主義的な、社会主義勢力（一八九五年、社会党発足）やサンディカリズムの台頭による労資対立の激化のほかに、バチカン（法皇庁）の政治勢力の登場、国家主義勢力の発生等が加わり、自由主義国家は次第に弱体化した。グラムシは、この一八九〇年代以降という時代に、「南部」のなかでもさらに貧しい島嶼で生まれ育って、二〇歳の時「北部」（トリノ）に渡ったことになる。

2　トリノ大学進学と歴史言語学の修得

当時トリノは、自動車会社のフィアットに代表されるイタリアの最も近代的な工業都市であり、また同時に、この国の文化運動の中心地になりつつあるところであった。それまでの文化運動の中心地は、フィレンツェであったが、これにかわって起こったトリノ文化運動の特徴は、社会主義的労働運動と結合した革命的な文化運動という色彩が強いことである。

サルデーニャという辺境から初めて本土に渡ったグラムシは、この都市の喧噪《けんそう》に目眩をおこし、ノイローゼに陥ったという。その後もたびたび彼は神経疾患に襲われ、そのたびに大学を休んだ。身体の虚弱体質は、生涯かわらない。

グラムシの専攻は言語学（filologia ＝歴史言語学）であったが、そこで出会った指導教授バルトリの言語学は、たんなる言語学ではなかった。当時のパリのジリエロンによる「言語地理学」を洗練させて反実証主義的な「新言語学派」を名のり、さらにそれを歴史・地理・社会諸部門に押し拡げ、のちに「空間言語学」と改称された言語学であり、反実証主義の立場からする社会・文化諸事象の社会科学的実証研究の方法としての性格を有する言語学であった。

グラムシにおいて、これを学んだことの意味は大きい。後述するように、『獄中ノート』において彫琢《ちょうたく》される多次元的な歴史方法論には、その一つの次元に「歴史と政治の文献学（filologia…（歴史言語学と同一語））」が位置づけられるが、この方法論としての「文献学」という発想は、ここに由来するからである。彼は、バルトリ教授からサルデーニャ語についても学び、同じサルデーニャ島出身の学友パルミーロ・トリアッティと一緒にサルデーニャ島の社会構造の研究をおこなった。こうした学問的習得を通じて視野をひろげた彼は、少年期から抱いていた激しいイタリア本土への反感にもとづく偏狭なサルデーニャ主義から抜け出していくが、それは同時にトリノ労働運動に深く入り込んでいくことを意味した。

3　ロシア革命の衝撃と工場評議会運動

グラムシは、高校時代にサルデーニャの本土からの独立を求める島民の集会や討論会にしばしば参加していたし、本土の思想誌も講読していた。また社会党員となった兄からは中学時代から社会主義思想の影響を受けていた。グラムシも一九一三年ころ社会党に入党した。一九一四年、第一次大戦が勃発し、イタリアの参戦に対する社会党の態度をめぐって党内論争が起こると、グラムシは社会党機関紙『アヴァンティ』で「能動的・行動的中立」を主張した。この翌年から彼は大学から次第に遠ざかり、バルトリ教授の後継者として大学に残ってほしいという教授の期待をよそに、一九一五年一二月、『アヴァンティ』トリノ支部の編集部に入った。中学・高校時代にサルデーニャの地方紙の通信員をしていたことがある彼は、社会主義的ジャーナリストとして生きる道を選んだのである。編集部では、演劇批評と風俗評論を担当した。一九一七年二月には、独自に『チッタ・フツゥーラ（未来都市）』と称する新聞を刊行してもいる（創刊号のみで終刊）。

ところが、折しも同一九一七年、ロシア革命が起こり、全ヨーロッパを揺さぶった。この革命は、その指導者レーニンの「帝国主義戦争を内乱へ」というテーゼにそっており、このテーゼは、前述の「能動的・行動的中立」論文の趣旨に合致していた。それゆえにグラムシは、この革命にすぐさま熱い視線を注ぎ、刻々と変化する動きを『グリード・デル・ポポロ』紙を中心にして伝え、ロシア革命の社会主義的性格とレーニン称揚の論文を書き続けていった。そして、この気運にのって一九一九年五月、グラムシ、タスカ、テルラチーニ、トリアッティらが『オルディネ・ヌオーヴォ（新秩序）：週刊社会主義文化誌』（以下、ON誌と略称する）の発行にふみきった（以下、この発行グループをONグループとよぶことにする）。ON誌は、グラムシのイニシアティブでフィアット労働者を中心にして起こった工場評議会運動の機関誌となっていく。

工場評議会運動とは、ロシア革命の推進力となった工場・地域のソビエト（評議会）をイタリアに「翻訳」したものとしてグラムシが提起したものであり、労使の調整機関として各工場にあった「内部委員会」を労働者が生産を自ら管理する機関に改組して、社会主義革命の推進機関に転じようとする革命的運動であった。ON誌を通じたこの運動の呼びかけは、トリノ労働者のあいだで大きな反響をよび、一九二〇年四月の金属労働者を主体としたゼネストには二〇万人が参加し、九月の工場占拠に始まる闘争はピエモンテ州一帯を揺り動かし、五〇万人の労働者を巻き込んだ。

4　レーニンからマルクスへ

後年の回想によればグラムシは、当初は「傾向としてはむしろクローチェ派」であった。これが、ロシア革命とその指導者レーニンに出会って以来、上記の経過を通じて大きな転換を遂げた。クローチェは、一九世紀後半以降、イタリアでも工業化の進展につれて広まりだした実証主義思潮に対立して生まれ、ラブリオーラ、クローチェ、ジェンティーレと続く新ヘーゲル主義思潮の当時における最大の代表者であり、彼の自由主義的・ヘーゲル主義的観念論哲学の影響は知識人層のあいだでは広大であった（民衆のあいだでは、ローマ教皇庁・バチカンの膝元にある国であるだけにカトリックが絶大な影響力をふるっていた）。反実証主義の言語学者バルトリ教授も彼を尊敬していた。グラムシも高校時代から思想誌を通じて彼に親しんでおり、クローチェの「近代人は宗教なしに生きる」という説論は、彼の思想の根底に最後まで生き続けたし、トリノでの彼の友人には、「自由主義革命」を唱えながらON誌に協力していたピエロ・ゴベッティのようなクローチェ崇拝者もいた。

このグラムシがロシア革命を熱烈に支持し、「クローチェ派」的傾向を脱したのは、彼としてロシア革命に、歴史における人間の「集団的意思」の巨大な役割の証明をみたからであった。彼は、高校時代からマルクスの著作に接していたが、ロシア革命を『資本論』に反する革命」と特徴づけ、それを題目にした論文を『アヴァンティ』（一九一七年一二月）に寄せた。その意味は、マルクスには「まだ実証主義と自然主義のかさぶたがこびりついていた」が、ロシア革命の指導集団は、それを乗り越えて、マルクスの著作の「内奥」の「生命」をなす「絶対的観点、すなわち人間の観点」、つまり「歴史の最大の要因」は経済そのものではなく、「経済事象を理解した」人間の集団的意思であり、これが「客観的現実の形成者」になるという観点、この観点の正しさを事実で立証し、『資本論』とその前提にある「史的唯物論の公式」とが説いてきた「宿命論的必然性」の教義を打ち破ったのだ、というところにあった。当時のグラムシは、このような批判を込めたマルクス理解を示したが、彼が絶賛するロシア革命を率いたレーニンへの傾倒とその政治思想の吸収を経由して、そこからやがてマルクス理解を改め、マルクス思想を根本に据えなおしてその独創的探求を進めていくことになる（八五頁）。その本格的な作業は獄中に持ち越されるが、ともあれ、こうしてグラムシは、ロシア革命を契機にしてマルクス主義・共産主義の立場に移行した。

5　モスクワ・ウィーン滞在期の思想的転回

一九二〇年九月に始まる前述の工場占拠闘争は、実はＯＮグループの台頭による失地の回復を狙った、社会党の指導する労働総同盟の側からするイニシアティブによるものであった。この闘争は結局、時のジョリッティ政権の懐柔策により敗北し、労働者の間では敗北感、挫折感が拡がり、時の革命的気運は退潮していった。だがイタリア自由主義国家の戦後危機は緩和されないどころか、ますます深刻化した。この間隙を縫《ぬ》ってミラノに生まれた、ムッソリーニ率いるファシズム運動が拡がりだしていた。他方では、成功した世界初の労働者国家としてのソ連邦の共産党を中心にした共産主義運動の国際組織・コミンテルン（共産主義インターナショナル＝第三インター）に加盟する共産党結成の動きが世界各国で進展しており、イタリアでは、一九二一年一月、イタリア社会党の分裂から、イタリア共産党（党首、ナポリ出身の元技師ボルディーガ）が結成された。ONグループもこの結成に参加し、グラムシは執行委員になった。

一九二二年六月、グラムシは党の任務としてモスクワに派遣され、コミンテルン執行委員となった。そして翌二三年一二月、任地がウィーンに変わり、翌二四年五月まで当地に滞在した。このおよそ二年間の在外体験は、彼に新たな思想的転機をもたらした。

この時期のソ連邦は、革命後の「戦時共産主義」とよばれる内戦と外国からの干渉戦争による危機の時期を抜け出し、農民の自由取引を公認する市場経済の回復を通じて緩やかに工業化を図るネップ（新経済政策）に転換した直後であり、文化・芸術面でも多様な試みが旺盛に展開されていた。ネップはレーニンの提唱によるものであり、激しい党内論争を通じて採用されたが、レーニンの狙いには、危機のなかで崩壊した労働者と人口の大部分を占める農民との階級同盟を修復するため、農民の要求（自由取引）を認めて労働者階級のヘゲモニーを再建するという高度な政治判断があった。

グラムシは、ロシア滞在を契機にしてこのヘゲモニーの思想をレーニンから吸収していった。また西方・イタリアと東方・ロシアとの国情の相違の大きさを実感しもしたが、この歴史的な地域・国情の相違の大きさへの実感は、ウィーンに移ってからさらに深まり、彼の知性を突き動かした。ウィーンから彼は、中・西欧では「資本主義のもっとも広大な発展により創出された政治的上部諸構造全体」が非常に複雑であって、「大衆の行動をより緩慢かつ慎重にしており」、したがってロシアと異なって「革命政党には……ずっと複雑で息の長い全戦略・戦術」が必要である、とイタリアの党幹部宛の書簡に書いた（一九二四年二月）。

グラムシが学んだ言語学には、比較言語学が含まれており、これを習得している彼には、社会・文化の時代的・地域的な相違は鋭く映る。ここにみる「政治的上部諸構造」とは、経済構造（この場合、「資本主義」）を「実在的土台」として、政治的・法律的・文化的諸関係をその上に築かれる「上部構造」としてとらえるマルクスの『経済学批判』「序言」に記された「定式」（以下、「序言定式」と略称するが、これがいわゆる史的唯物論の「公式」である）のなかの用語である。上記の書簡は、グラムシが鋭敏に感じ取ったロシアと中・西欧各国との歴史的な諸関係総体の特徴的な差異を、この史的唯物論の概念を使ってとらえようとしていることを示している。「構造」（経済構造をさす）と「上部構造」という二つの概念は、『獄中ノート』で重要な役割を演ずることになる。

ともあれ、以上のようにヘゲモニーの思想を吸収し、各国・各地域の歴史的形状の相違を痛感していく過程で、グラムシは自分たち自身の抜本的な再検討、痛切な反省の必要性を深刻に考えた。すでに前出の書簡に先立つ一九二三年一一月、彼は「われわれはイタリアを知っていない」と書き、「理論上の誤り」もあって、それが「われわれを敗北とファシズムの圧制にまで導いたのだ」、と自国の党幹部宛書簡で述べている。ここに提起されているのは、イタリア固有の歴史的形状の探求とマルクス主義理論の根本的再探求という二つの大きな課題であるが、これが、これ以降、グラムシ自身が継続的に探求していく課題となった。

グラムシは、ウィーン滞在中に在外立候補でイタリア下院議員に当選した。このため、この課題を抱えて一九二四年五月、単身帰国した。「単身」というのは、実は彼は、モスクワ滞在の初期、体調不良で入院したモスクワ郊外の療養所で知り合ったジュリア・シュフトという女性音楽教師と結婚していたからである。それにもかかわらず、彼女と一緒に帰国しなかったのは、イタリアではファシズムの支配が成立しており、彼らの暴力が猛威をふるっていたからである。

6　ファシズム支配下の党指導とイタリア分析

帰国後、グラムシはローマを拠点として、下院議員の地位を活用しながら反ファシズム諸勢力の統一のため旺盛に活動するのと並行して、党書記長に就任して党の質的強化のために東奔西走の活動を展開していった。そして、一九二六年一月、弾圧をさけるためフランスのリヨンで開催された第三回党大会において、トリアッティと共同で作成した政治報告（リヨン・テーゼ）をおこない、原理主義的傾向を抜け出せないボルディーガの影響を払拭するのに成功した。この報告で初めて「ヘゲモニー」と「知識人」という用語が用いられ、情勢の体系的分析と、「中間層全般の参加」を得た「民主主義的中間段階」を経由して社会主義に達するという戦略路線が提起されるに到る。

このあとグラムシは、同二六年一〇月、未完の原稿「南部問題」の執筆に着手する。そこでは「ヘゲモニー」の語が、レーニン的な「政治的ヘゲモニー」の意味を超えて、「文化的ヘゲモニー」をも意味するものに拡大され、イタリア後進地帯「南部」のクローチェに代表される知識人層が、北部工業家と南部農業ブルジョアジーとの「工業―農業ブロック」が支配するイタリアの統治構造においていかなる全国的機能をはたしているのかが緻密に分析される。そしてこの分析を通じて、イタリアの近代化過程が生みだした「南部問題」が、いかに全国的な地域問題であり、また同時にその解決が、いかに北部労働者と南部農民との階級同盟の形成を必要とする階級問題であるのかを鮮やかに浮かび上がらせた。

こうしてイタリア固有の「地形」の認識が顕著な進展をみせるが、他方ソ連邦では、一九二四年のレーニン死亡後、しばらくすると工業化の方式をめぐって党内論争が起き、それが次第に権力闘争の様相を帯びだした。スターリン書記長ら多数派が、強行的工業化への転換を主張するトロッキー、ジノビエフら反対派を組織的に排除（除名）する挙に出かねない動きが現れだしたのである。グラムシは、この事態をきわめて重大視し、「南部問題」の執筆と同じ一〇月、党政治局の名でロシア共産党中央委員会に宛て、意見対立を組織的処分に持ち込むことは、あくまでも信頼と確信にのみもとづかねばならない国際プロレタリアートの統一にも甚大な否定的影響を及ぼす、労働者政党の自己破壊行為であると厳しく批判する書簡を送付した。

ところが同一九二六年の翌月、一一月五日、ムッソリーニ政権は、反対派の政党・団体を禁止しファシズム独裁を体制化した。そして、八日、議員は逮捕されないという議員特権を無視した「例外措置」を発動し、亡命の準備にとりかかっていたグラムシら共産党議員一二名を逮捕、投獄する。こうしてグラムシ（三五歳）は、長い獄中生活を強いられることになったのである。

7　『獄中ノート』の執筆

下獄によりグラムシがなしうる活動は、ほとんどノートをつけることだけとなり、彼は、在外期以来の探求を継続、発展させる。しかし、それを記した『獄中ノート』の執筆は、投獄直後から可能になったのではない。

まずローマの監獄に拘禁されたのち、ミラノ監獄をへてウスティカ島に流され、そこから再度ミラノに戻され、九カ所を転々と引き回されたあげくローマ軍事法廷で、「二〇年間この頭脳が機能するのを妨げなければならない」という検事官の求刑にそって「禁固二〇年四ヶ月五日」の判決が下された。そして、収監先のトゥーリ監獄（イタリア南部東海岸バーリの近郊）に到着したのは、一九二八年七月であった。この間の劣悪な処遇のためグラムシは、投獄後に罹った慢性尿毒症に加えて不眠症、歯槽膿漏、偏頭痛、慢性神経症に蝕まれる躰になった。その後、これらの病気はさらに悪化し、余病も併発させていく。

この彼を獄外から支えたのは、妻ジュリアの姉タティアーナ（自然科学講師、独身）であった。彼女とは、ローマにいるはずと聞いていたグラムシが帰国後探し出して以来、親しく交際していた。一度モスクワから妻と長男がローマを訪れたが、その時タティアーナの住居を滞在先にしていた（妻はこの時次男を身ごもった）。タティアーナは、書籍・日用品の差し入れや面会、書簡、その他、何かと終始献身的にグラムシを援助した。

このタティアーナからの相談にものりながら、第二の支えとなったのは、トリノ大学の後輩でON誌に協力した友人の経済学者ピエロ・スラッファであった。彼は、コミンテルン執行委員としてモスクワにいたトリアッティとも連絡をとっていた。ロシアの党には、既述のように、一九二六年、グラムシは批判の書簡を送っていたが、事態は彼が憂慮していた方向に進み、スターリン体制が確立された。このもとでコミンテルンは、一九二八～二九年、社会民主主義（社会党）を反動勢力の先兵とみなして「社会ファシズム」と規定し、統一戦線戦術を放棄する「左転換」をとげ、獄中で「左転換」に同意しなかったグラムシには、異端分子の嫌疑がかけられた。グラムシはこれを察知しており、スラッファへの信頼とは別に、コミンテルンには警戒心と疑惑、不信を深めていった。

『獄中ノート』は、こうした状況のもとで執筆された。執筆の許可は、ようやく一九二九年一月に下りた。Q1つまり最初のノートの冒頭には、一九二九年二月八日の日付が記され、一六論題を列挙した研究計画（Q1プラン）が書かれた（付録・2(1)参照）。その第一論題は、「歴史と歴史叙述との理論」である。その他の大部分は、イタリアの歴史と文化に関する諸論題であるが、第一一論題はやや異なり「アメリカニズムとフォード主義」という論題である。ともかく、以降このプランにしたがって執筆が続けられ、翌三〇年五月から、Q2、3、4が並行して執筆されるようになる。Q4は最初の哲学ノートである（上記「歴史と歴史叙述との理論」に該当）。さらに同年一〇月、一一月からQ5、6、7の執筆が始められる。Q7は第二の哲学ノートであるが、その冒頭にはマルクスの著作一〇編が翻訳された（『ノート』全冊の構成については、付録・1を参照のこと）。

ところが、同年一一月ないし一二月に執筆が始まるQ8（第三の哲学ノート）の冒頭に新たな研究計画が記される（Q8プラン。付録・2(2)参照）。その内容は、イタリアの歴史と文化に関する多種多様な諸問題を包括した一大テーマとしての「イタリア知識人の歴史」というテーマに研究テーマを一本化し、「付論」として「アメリカニズムとフォード主義」を位置づけるというものである。これを記したQ８は哲学ノートであるので、結局、この時点での研究テーマは、イタリア知識人史、「アメリカニズムとフォード主義」、哲学の三題ということになったようにみえる。このころタティアーナに宛てた同年一一月一七日付の書簡には、「私は三つないし四つの主要な論題を選びました。その一つは、イタリア知識人が一七〇〇年代までもっていた世界主義的機能という論題で、この論題はあとで多くの部分に分かれます。すなわち、ルネサンスとマキアヴェッリ、等々がそれです」と記している。

だがこの新たな計画も順調には進まなかった。翌三一年八月三日付のタティアーナ宛の書簡に「もはや真の研究、作業計画はありません」と書く。そして、その数時間後にグラムシは最初の重大な喀血をする。彼の病気が研究の進展を許さないほどに悪化していたのである。

それでも彼は、小康を得るたびにペンをとり続け、翌三二年三月ないし四月には、これまで書いてきた大量の覚書を問題別の『ノート』に整理する計画として「題材の諸群」と題して一〇論題を、ノートのQ８プランを記載した後の空白頁に記す（Q８－Bプラン。付録・２(3)参照）。これが最後の計画となり、この前後からQ９のほか、Q10（クローチェ・ノート）、Q11（哲学研究序論）、Q12（知識人論ノート）、Q13（マキアヴェッリ・ノート）など、充実した問題別ノートが急ピッチで書き込まれていく。

しかし病態はいっそう悪化し、翌三三年三月、彼は二度目の喀血をし人事不省に陥り、ベッドから床に転がり落ちた。そこでタティアーナの請求によって可能になった私選医師の診察の結果、脊椎カリエス、右肺上葉部結核性損傷、高血圧と動脈硬化のため数回の卒倒と意識喪失状態、錯誤症状の惹起（脳貧血、脳衰弱）、体重減少、等々が確認され、このままでは余命いくばくもないと診断された。このためグラムシは移転を請願し、同三三年一二月、ローマ南方のフォルミアにある監視付クズマーノ医院に移された。医院といっても設備の貧弱な医院でしかない。それまでに、途中まで書かれたものを含めて一七冊のノートが執筆されていた。Q18から最後のQ29までのノートはすべてQ8－Bプランの遂行としての問題別ノート（フォルミア・ノート）であるが、それらは新たにこのフォルミアの医院で執筆が開始され、新たな発作に襲われる三五年六月まで最後の余力を振り絞って断続的に執筆が継続される。

8　仮釈放と最期

この新たな発作に襲われた時、実はすでに条件付仮釈放の措置を獲得していた。これは、グラムシがスラッファと相談のうえ提出していた仮釈放願書が受理されたことにより、一九三四年一〇月二五日に下されたものであった（これに先立ち、「ファシズム一〇周年」恩赦で刑期は短縮されていた）。だが、その時はもはや一人歩きさえできない状態になっていた。この状態で一九三五年六月、上記のあらたな発作が襲い、ノートの執筆が途絶するのである。

グラムシは、転院願書の再度の提出により、同年八月、ローマのクイジザーナ医院に移る。そして一九三七年四月、刑期満了を迎えることになった。だが、この四月二五日、不意に脳溢血の発作に倒れ、二七日早朝、タティアーナの見守るなかで遂に不帰の客となった。以前の面会でスラッファに語った「イタリアにおける人民戦線は……憲法制定議会である」という言葉が、彼の政治的遺言となった。彼の兄弟は面会に何度もきていたが、二児の母となっていたモスクワの妻ジュリアは、面会に訪れることはできなかった。グラムシは、二人の息子の成長具合いや、妻の精神上の問題などにつき、いろいろ心配していたが、結局、自ら家族とは手紙の交換だけに限られた。

グラムシ最晩年のころ、一九三三年のドイツにおけるヒトラー政権の成立の前後から国際的に反ファシズム運動が高まりだし、同年五―六月、グラムシとファシズム犠牲者釈放のための委員会がパリで結成される。そして、翌三四年七月フランスで、次いで八月イタリアで、共産党と社会党の行動統一協定が結ばれ、反ファシズムの「人民戦線」が成立、グラムシ救出の国際世論が拡がりだした。この動きは日本でも雑誌『世界文化』がとりあげ、グラムシの名が日本で初めて記された。こうした情勢を背景にして、コミンテルンも「左転換」を改めていく。

グラムシの死の報には、あらゆる反ファシズム諸団体、諸個人が敬意と追悼の意を表した。『獄中ノート』は、その全冊がタティアーナの機転で没収から免れ、彼女からスラッファに渡されたあと、彼の友人であるローマの商業銀行総裁ラッファエーレ・マッティオッティによって銀行の金庫の奥深くに保管された。グラムシの遺体は、タティアーナの手によってローマ・ピラーミディ地域の閑静なイギリス人墓地（非カトリック信者の墓地）に埋葬しなおされ、いまもそこに静かに眠っている。ファシズム倒壊後、グラムシは、イタリアにおける反ファシズムの国民的殉難者となった。多くの都市では、彼を讃え、その名を永遠に記憶するため街路の一つに「グラムシ通り」の名が冠され、いまもそれらは存在し続けている。

第2章 『獄中ノート』と本書の課題に関する予備提議

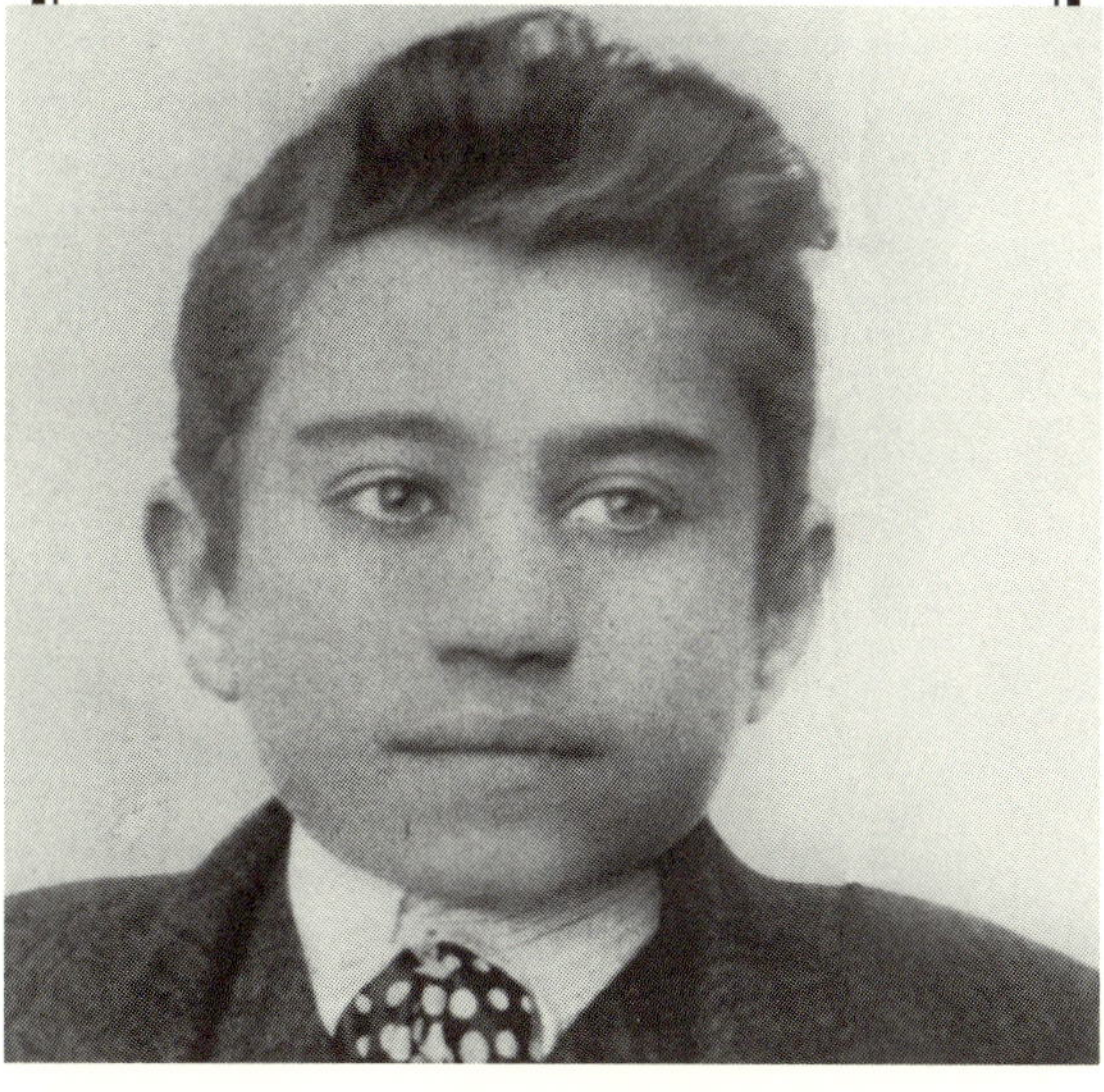

15歳のグラムシ

Gramsci et Son Temps, 1979, pp.20-21 より

1 『獄中ノート』の公刊と世界の反響

『獄中ノート』(以下、『ノート』と略記する)は、一九四八年から五一年にかけて六巻からなる問題別選集として初めてエイナウディ社から公刊された。引き続いて、下獄以前の著作集四巻が一九五八〜六六年に、最後の巻が一九七一年に発刊され、一九四七年公刊の『獄中からの手紙』と併せて計一二巻の『グラムシ著作集』が揃った。この間、イタリアの主要諸都市にはグラムシ研究所が次々と設置され、グラムシ研究は年を追うごとに盛んになった。関連出版物の盛況ぶりは、「グラムシ産業」という異名をとった時期さえもある。グラムシ研究会議も一九五八年開催の第一回(サルデーニャ島・カッリャリ)以来、イタリアでは度々開催されている。グラムシへの関心は国境を越え、本書で参照している邦訳『グラムシ選集』全六巻(一九六一〜六五年)は、上記イタリア原語諸著作集とその仏語版編集とを底本として独自に編集されたものである。最初の英語版『獄中ノート選集』は、一九七一年に出版された。

『ノート』の全編は、ようやく一九七五年になって、ジェルラターナ編、グラムシ研究所による校訂版として全四巻で公刊された(エイナウディ社)。各ノートの推定執筆年次を見直しただけでなく、A・B・C稿の種別を明示したこの校訂版により、本格的な学問的研究が可能になるとともに、その国際化の新しい画期となった(各ノートと各覚書の推定執筆年次については、のちにフランチョーニが新説を提起した［Francioni, 1984］。本書は、この新説に依っている）。『ノート』全編の仏訳版が一九七八年（全五巻、九六年完結）、独訳版が一九九一年（全一〇巻、二〇〇二年完結）、英訳版が一九九二年（現在継続中）から刊行された。邦訳版も一九八一年に第一巻（Q1、2分）が出版されたが、その後残念ながら中断された。

グラムシ研究の国際的な拡大は、ソ連―東欧体制の崩壊前から顕著になり、崩壊後さらに加速化された観がある。現在ではラテン・アメリカを含む五大陸の全体に及んでいるといってよい。国際グラムシ学会（IGS）の本部が、ローマ・グラムシ研究所からニューヨークに移ったこともその契機であろう。国際的なグラムシへの関心の焦点は、『ノート』自体がそうであることに見合って人文・社会諸科学の総体に及ぶほど多様であり、一概にいえないが、一九七〇年代後半からの「アメリカニズムとフォード主義」への関心の急浮上から、国際関係論における「グラムシアン・アプローチ」が生まれ、グラムシが、現在の「グローバリゼーション」・「新自由主義」問題における国際的に共通の参照点の一つになっている。また近年、知識人論、サバルタン（従属的社会諸集団）論、教育論への関心が特に目立つ。

日本では、前記『グラムシ選集』が刊行された一九六〇年代前半にかけての時期と、ほぼ一九七〇年代といった過去二度にわたってグラムシへの関心が高まった時期があったが、他面、特別に強い関心を寄せる層が持続的に存在してきたのも事実である。現在、海外の人文・社会科学諸文献におけるグラムシへの言及の一般化を背景として、そこから刺激を受けた諸分野の若い研究者のあいだで新しい関心の拡がりがみられるようである。そのことは、グラムシ没後七〇周年記念シンポジウム（二〇〇七年一二月一～二両日、東京・明治大学）の参加者（約三〇〇名）の状況に窺われたし、シンポジウムの実務を支えた「東京グラムシ会」という非専門研究者をもひろく含む団体の研究活動にも示されている。

日本における学問的なグラムシ研究の嚆矢《こうし》は、竹村英輔［一九七五］であるが、『ノート』全容解明への先鞭をつけたのも竹村［一九八九］であった。本書は、他の先学・同学に学びながらも、とりわけ竹村のこの問題提起を独自に継承し、『ノート』の「四大主要テーマ」と「**哲学・政治・歴史の同一性**」との照応性という著者のオリジナルな解読を出発点にして『ノート』の基本内容を体系的に概説することを試みる。

2　『獄中ノート』体系の解明と本書の位置

ところが、概説とはいえ、グラムシが取り組んでいる諸問題、特にその理論的諸問題がきわめて複雑かつ高度な問題であるために、本書の論述は易しくはない。そこであらかじめ、「はしがき」で述べた本書の二重の課題に即して、その内容の基本を最小限、結論的に提示しておく方が適切であろうと思われる。それを次章以降で説明していくという形をとるわけである。まず『ノート』の体系そのものに関しては以下の通りである。

(1)　前記の「四大主要テーマ」とは、『ノート』の「二重構造」という竹村〔一九八九〕の問題提起を「理論」と「歴史」との二重構造ととらえなおしたうえで、「理論」次元の①哲学と②政治学、「歴史」次元の③イタリア知識人史、④「アメリカニズムとフォード主義」（以下「アメリカニズム」とも略称する）という四題として理解するものである（第3章）。

(2)　この四題を含む『ノート』全体の基調テーマについては、本書は、グラムシにおいて「哲学」の「根本問題」をなす「**知識人と民衆の社会的ブロック**」の形成という問題が、「哲学・政治・歴史の同一性」により政治と歴史の考察にも貫かれるゆえに、これが全体の基調テーマをなすととらえる。そのうえで、この基調テーマ自体が「構造―上部構造」論から、「**歴史的ブロック**」Aを創造する問題として掴まれることを明らかにする（第3章）。

(3)　さらに本書では、「歴史」次元において「**実際の現実**（歴史）」・社会を分析・研究する際のグラムシの方法論として、(α)「哲学」、(β)「**実際的諸基準**」、(γ)「**歴史と政治の文献学**」というその三次元の構造を解明し（第7章）、加えてそれによる分析の実例として、上記の④すなわち「アメリカニズム」分析をとりあげる（第8章）。『ノート』における位置づけからすれば、③のテーマがとりあげられて然るべきではあろうが、紙数の制約からより直接に今日的なテーマである④に絞るわけである。

第5章「歴史分析の理論枠組」と第6章「拡大された国家概念」は、αとβを一体化し、その内的な論理を読みとって叙述されるであろう。したがって、第6章に示される「拡大された国家概念」も、現実の諸国家を分析する際の方法的な「理論枠組」となるものである。

こうしてわれわれは、本書において哲学・政治（国家論）・歴史の理論枠組を通観し、そのα、βに加えてγも含んでなりたつ三次元の歴史方法論とその分析例をもみることになる。それを通して『ノート』の体系性が、上記(1)〜(3)に示される重層的・立体的な構造において論理的に理解されるものになるはずである。『ノート』そのものは断片的な諸考察の集積であり、それゆえに驚嘆すべき広範な諸領域に考察を及ぼしえているのであるが、逆にいえば、このような重層的な体系構造を内的に構成しているゆえに、諸考察がその場限りの興味にまかせたバラバラなものでなく、一貫した方法論的意識において体系構造の練り上げに凝集していくような知的統制が可能になっているのである。本書が『ノート』の「学的」内容、というゆえんである。したがって、個々の断片的な諸考察をこの体系内に位置づけ、あるいは関連を探りながら掴んでいくことが重要である。

本書は、きわめて多面的で豊かな内容をもつ『ノート』のあらゆる側面を網羅はしえず、割愛する諸問題は少なくないが、「概説」として、それらを位置づけうるための内的体系の基本構造を論理的に描き出すことに焦点を据える。ところが、この体系構造は、国内外のグラムシ研究においてまだ明らかになってはいない。それどころか、「未完的・非体系的な理論展開」として『ノート』を読む解釈〔片桐薫　二〇〇六〕さえもある。したがって、本書は定説を概説するものではなく、グラムシ研究史上における一つの野心的な挑戦であり、一つの冒険でさえあるような問題提起としての意味をもつ。それだけに議論が複雑化し難しくなるだけでなく、誤りや問題も含まれうるが、本書が、著者自身を含む今後のグラムシ研究の発展のなかで訂正され乗り越えられるための叩き台となることを念願とする。

3　『獄中ノート』の社会学的問題性

本書のもう一つの課題は、『ノート』のなかに新しい批判社会学の生成をみることができるようにすることであった。実際、本書の通読により、『ノート』の内容がすぐれて社会学的でもあることが理解されるであろう。たとえばそれは端的に、行為(＝活動)、集団、組織、規範とサンクション、集団圧力、強制と同意、支配と指導、慣習、順応主義、社会と文化、闘争と統合、さらにはエリート(知識人)と大衆、階級・階層、社会構造、国家、等々、それらだけで一冊の社会学概説書の編纂が可能となるほどに社会学のさまざまな基本的諸範疇が、グラムシの議論を充たしていることに表される。

このことは、社会学を確立したM・ヴェーバーやデュルケムに代表される社会学第二世代が提起した諸問題が前面に現れる時代の思想家として、グラムシが自己の思想を形成したことにかかわっている。社会学第二世代が提起した諸問題は、一九世紀末から二〇世紀初頭にかけての西欧における思想と学問総体の大変動の表現でもあった。他方、オーギュスト・コント、H・スペンサーらの社会学創始者（社会学第一世代）と同じ時代に生まれながら、発想を異とするマルクス主義思潮は、ロシア革命を契機にしてアカデミズム内部にも拡がりだした。そこから、「マルクス主義（史的唯物論）と社会学」という二〇世紀社会科学の緊張をはらんだ一大難問が現れる。

グラムシは、まさにこの難問と先駆的に取り組みえたマルクス主義思想家であった。それが彼に可能であったのは、理論家としては、マルクス以後の、世紀転換期における思想・学問総体の大変動との思想的理論的格闘を通じて、歴史的に提起されている新しい諸問題を取り組みうるようなものへと、つまり彼としてはとりわけ実証主義批判を通じて「**実践の哲学**」へと、マルクス主義自体を根底から再構成する探求を深めえたからである。他方、実践家としては、自らの政治活動期の全実践経験を基礎にして、社会の再組織化はいかにして可能かという、社会学の主題的問題、すなわち社会秩序ないし社会統合はいかにして可能かという問題と同じ問題を、真剣に取り組むべき自己の問題の視角にしえたからである。「知識人－民衆ブロック」の形成という基調テーマを成立させる基底の問題視角もそこにある。この問題視角が青年期以来のものであったことは、トリノ時代にグラムシの発意により発行された『週刊社会主義文化誌』が「文化誌」であり、その誌名が『オルディネ・ヌオーヴォ〔新秩序〕』であった事実が如実に示す。

それゆえグラムシには、社会学ではこの学の根本問題といわれる「個人と集合体〔社会〕」問題、すなわちこの両者の関係をいかにとらえるかという理論問題に関しても、独自の一貫した考察がある。その基礎を集約的に示すため、本書は第4章「集合体と個人・人間・人類」を設ける。そこでは、「個人」と「集合体」との次元の相違がふまえられたうえで、「集合体」をその構成者としての諸個人から分離された超越的実体であるかにみなす抽象的な見地が退けられる。他面、「個人」自体が抽象的でなく現実的に、すなわち、「自己性」と、大小多様な集合体に重層的に参加している「重複成員性」との二重性を備えた活動的な主体的存在として把握され、自己が活動的に関係する可変的な範囲においてて他者たち〔および自然の諸要素〕を自己の一部とする**自己包括的複合体〔「歴史的ブロック」**Bとしての「人間」〕として不断に自己を構成し再構成する過程、その意味でたえず自己の「個人性」を自ら超えていく過程として理解されている。「自己」を境界づける範囲じたいが、そこに構成されるその内容において、自己の**活動的関係**の拡大・発展につれて当の個人自体の範囲を超えて不断に拡大するのであり、その極限として、当の個人が属する多様な諸集合体を通じてその成員となりつつあるところの統一への途上にあるものとしての人類全体の範囲〔最大の集合体〕が展望される。個人の力は確かに小さいが、「**協同組織（アソシエーション）**」という新たな集合体の創設・参加を通じて自己の力を何層倍にも拡大しうることも語られる。

こうして各人は、大小多様な集合体への内属を通じて、他者に働きかけながら自己を不断に更新・発展させ、自己が属する諸集団を刻々と変化させるだけでない。それを通じて広い社会的世界総体を変化させ、意識的には「協同」を通じてより根本的な変化を得ることをも可能にする。そもそも「現実」は、この活動する人間たちのまさにこの活動（現実的環境に対する活動的関係）を通じた生成として把握されている。したがって、「現実」の変革は、既成の「現実」を生成させている既成の「活動」様式・行為様式の変更としてラジカルに把握され、グラムシはそれを、しばしば「**実践の転覆**〔rovesciamento della praxis〕」とよんでいた（この原語を上村忠男〔二〇〇五〕は、実践が自ら反転することと解し「実践の反転」と訳すことを提唱するが、本書はその解釈を退ける）。それは、ことの性質上、社会全体の規模で推進されるものであり、この「実践の転覆」を推進する「協同」の組織化が、「知識人－民衆の社会的ブロック」の形成にほかならない。

このようにしてグラムシの「人間」概念は、彼のいう「絶対的歴史主義＝絶対的人間主義」の人間概念として、「人類の統一」や社会的現実の変革の問題につながりえ、「個人と集合体（社会）」の問題をも、この最大限に広い視野から首尾一貫して考察しうる基礎となっている。

4　新しい批判社会学の生成

問題のさらなる複雑性は、全体としての社会という集合体には、矛盾が孕まれていることから生ずる。しかし、通常の「個人－集合体」問題に関する議論では、この社会的現実が無視される。社会学における方法論的個人主義と方法論的集合主義との対立ないし分裂は、おそらく、現実社会のこの内的諸矛盾を適切に扱いえないでいることと関係があるのであろう。ところがグラムシは、「知識人－民衆ブロック」という基調テーマ探求の基底に前記の人間概念を据えると同時に、全体としての社会を内的諸矛盾を抱えた集合体（階級社会）として把握するところから、この基調テーマ自体を「実践の哲学」の「構造－上部構造」論の論理的枠組からとらえなおす。それにより、本書第5章の「歴史分析の理論枠組」から第6章の「国家」論にかけて示される彼の全議論が、首尾一貫した論理において展開可能になっていることを読者は目の当たりにすることになるであろう。

その論理の一貫性は、**人間**概念において「要《かなめ》」をなす「活動的関係」概念が、「社会」を扱う第5章と第6章においては「ヘゲモニー」というそこでの「要」の概念として現れ、また両概念は、「哲学」における「実践」概念に翻訳・変換可能な概念であるという点に如実に示される。さらに「歴史」分析においては、第7章・第8章でみるように、こうした概念を「要」とする諸「理論」を（α・βの二つの次元として）組み込んで動員する三次元の歴史方法論として、「実際の現実（歴史）」・社会が、リアルですぐれて社会学的な分析が提示されることになるであろう。

最後に留意を求めたいことは、以上のような議論展開の主軸は集団（社会）次元の問題であるが、その随所に「個人」の次元が顔を出し、それが必須の位置づけにおいて現れるであろうことである。それは哲学的基礎（実践の哲学）から始まるが、たとえば「歴史」の理論においては、階級と区別される個人次元の独自性を前提にして初めて成立しうる「知識人」の概念において現れ、国家論においては、市民としての（とりわけ指導階級に属する）諸個人の「自由」の問題において登場し、また「実際の現実」の分析においては、多様な**知識人**が人称的に分析される点に表現される。そうしたところに「個人と集合体」問題のグラムシ的な消化の仕方と、方法論的個人主義と方法論的集合主義との統合の方途が窺われうる。付言して「個人・集団・社会」という図式からみれば、明らかにグラムシは、中間の「集団」次元に焦点を据えており、そのことは、国家論においては、「政治社会」ではなく、「市民社会」に焦点を当てることなどから明白である。

以上のようにグラムシの議論は、重層的に入り組んでおり、それだけ複雑ではあるが、すぐれて社会学的であり、本書全体を通じて、疑いもなく『獄中ノート』に新しい社会学の生成をみることになるはずである。それは「実践の哲学」の社会学であり、弁証法的な社会学、反実証主義的な実証的批判の社会学である。とはいえ、『ノート』の学的内容の総体を「哲学」と「社会学」とに還元することができないことも確かなことである。『ノート』におけるグラムシの社会学は従来の社会学の範囲を超えている。グラムシ自身は「政治学」、あるいは主にその実証的経験的分析領域を指して「歴史と政治の科学」ともよんでいた。だがそれは、通常の政治学の範疇を超えており、これまで述べてきた社会学的実質を大きく取り込んで成り立っている。本書が、『ノート』における新しい社会学として、これを「批判社会学」とよぶのは、この社会学的実質であるが、この呼称は、ちょうどマルクスの経済学をマルクス自身は「経済学批判」とよび、そこから始まる「マルクス主義経済学」の流れをグラムシは、通常の経済学を超えたものとして「批判経済学」とよんだことにならったにすぎない。それは、これまでに現れたいくつかの「批判社会学」とも異なる新しい批判社会学である。

およそ以上が、次章以降で概説しようとする内容の要点である。サルデーニャという辺境の島嶼に生まれ、貧困と身体障害を負った身で出発しながら、社会変革の激しい実践活動の烈火に身を投じ、獄中でヨーロッパ的・世界的な段階の思想家にまで到達した人物が、グラムシである。『獄中ノート』は、この彼の全人生と全実践経験が凝集された精神的精華にほかならない。以下の概説は、やや複雑で多少難解となるかもしれないが、『ノート』の思想的・学問的独創性を犠牲にしないためばかりでなく、その理論的複雑性が、ほかならぬ現代社会と現代社会学が抱えている理論的諸難問の打開に通ずる価値を内蔵していることを明るみにするためにも、ある程度やむをえないと著者は考える。

第3章 『獄中ノート』体系の構造と「実践の哲学」

『オルディネ・ヌオーヴォ』の編集部

(5番がグラムシ)

Gramsci et Son Temps, 1979, p.51 より

1　四大主要テーマ――理論と歴史の二重構造

グラムシが遺した『ノート』は、その執筆の初期に頭の働きを整えるためのグリム童話などの翻訳ノート四冊を別にすれば、結局二九冊になる。これが、一九二九年二月から三五年六月あたりまでの六年半ほどの間に執筆された。各ノートには、哲学、歴史、政治、経済、倫理、文化、芸術、言語、宗教の諸領域や科学論、さらにイスラム世界や中国・日本を含む比較論的な世界諸地域・諸国の考察など、驚くべき広い範囲にわたる多種多様な考察が、長短多様の断片的な覚書としてびっしり書き込まれている。『ノート』は、こうした覚書の大量の集積であり、公刊のための原稿として書かれているわけではない。また独自の用語法もあって、その内容の系統的かつ正確な解読は決して容易でない。

ところが、断片的な叙述形式の内側には強靱な論理の一貫性と深い体系性がひそむのもまた事実であり、そこに現代世界の知性を惹きつけてやまない理由の一つがあるといってよい。『ノート』の主題は、在外期以来の二重のテーマ、すなわち、イタリア研究とマルクス主義理論研究との一貫した継続と発展の線上での拡大再編としてとらえうる。

これをふまえて『ノート』全体の多様なテーマをあえて集約すれば、Q1プランとQ8プラン（Bプランを含めて）、それに獄中の研究計画にふれたタティアーナ宛のいくつかの書簡を交え、それら

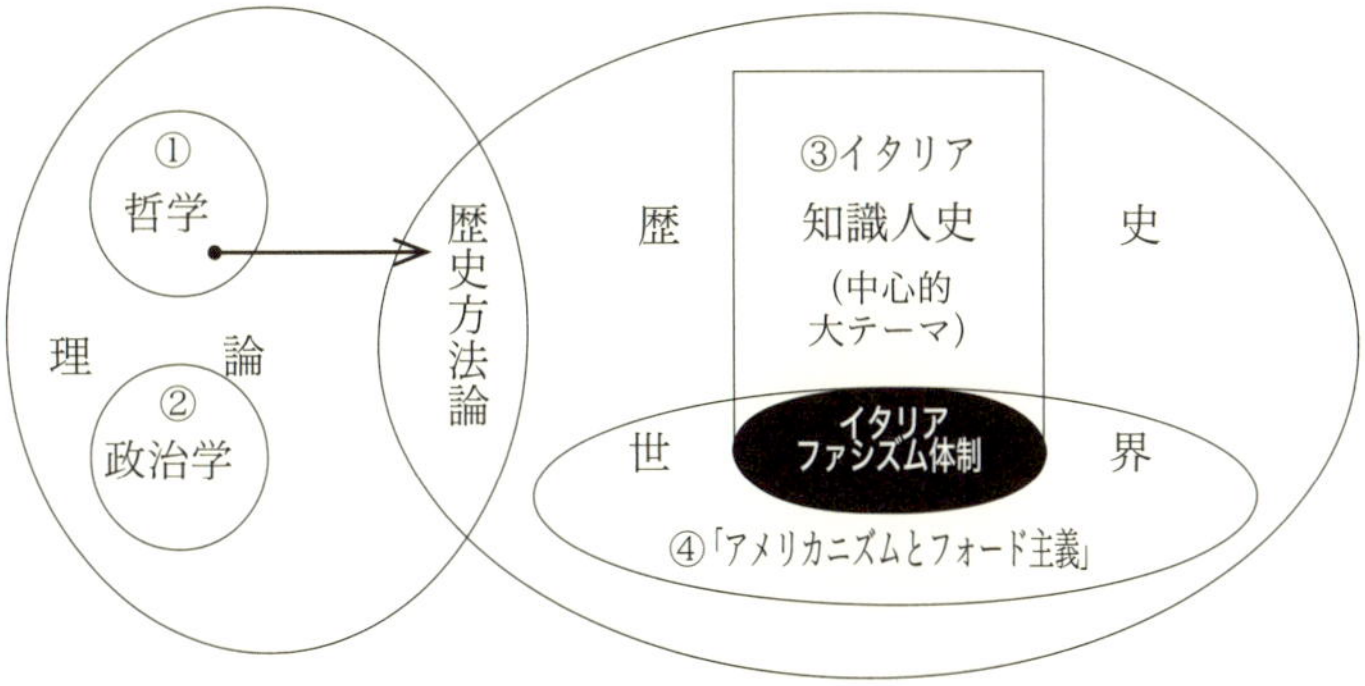

図1　『獄中ノート』の4大主要テーマ

を実際の『ノート』の内容と照らし合わせることにより、①哲学、②政治学、③イタリア知識人史、④「アメリカニズムとフォード主義」の四題が主要な部分をなしており、これが『獄中ノート』の「四大主要テーマ」を構成している、と著者にはみられうる（**図1**）。

①哲学は、Q1プランの冒頭に「**歴史と歴史叙述（storiografia）との理論**」と記されたテーマの系である。「歴史の理論」とは「史的唯物論」をさし、「歴史叙述の理論」とは歴史方法論のことであるが、いずれもQ4から始まる「哲学」探求の主な内容をなす。マルクス著作（「フォイエルバッハ・テーゼ」――以下、Fテーゼと略称する――、「序言定式」から始まり計10編）の翻訳が冒頭でなされるQ7の§35を起点にして、「史的唯物論」という呼称は次第に使われなくなり、「**実践の哲学**」という呼称に置き換わる。

②政治学は、Q8-Bプランあたりから独立したテーマとして現れ、Q13、18に集中的に論述される理論的なテーマで

ある。そこで追求されるのは、「自律的な科学としての政治学」の確立というきわめて独創的な構想である。

③イタリア知識人史は、イタリア研究として一九二六年の未完稿「南部問題」で着手したイタリア知識人の考察をローマ帝国にまで遡りつつも、特にルネサンス以来のイタリアの歴史と文化に関する多様な諸問題を包括する一大テーマとして、Ｑ８プランで一本化されたことのあるテーマである。その論述は、多数の『ノート』にまたがるが、知識人の概念を集中的に論述したＱ12は、いわばその序論的な意味を兼ねている。

④「アメリカニズムとフォード主義」は、第一次大戦後、それが新文明の到来であるかのイデオロギー的政治宣伝をともなってヨーロッパ各国を巻き込んだ「アメリカニズムとフォード主義」導入の試みが、ファシズム体制下の自国イタリアにも及んでいるという状況を世界史的比較の視点から経済と文化の両面で考察したイタリアの歴史的「現在」分析にほかならない。

この四大主要テーマのなかの、①と②は「理論」研究であり、③と④とはイタリアの「過去」③と「現在」④の「歴史」研究である。この意味で『ノート』の探求は、この「理論」と「歴史」との二重構造をなしていることになるのである。

2　基調テーマと「構造—上部構造」論の自己言及性

さらにこの四題は、興味深いことに、①哲学、②政治学、③④歴史研究、と並べてみると、グラムシが『ノート』の随所で繰り返す「**哲学・政治・歴史の同一性**」という命題に対応してもいる。このことは、『ノート』は未完であるとはいえ、主な主題構成の点では、この命題に合致する構成をとるところまでは来ていたことを意味する。

このことはまた、『ノート』全体に流れる基調テーマは何かということを考えやすくする。グラムシにおける哲学の「根本問題」が、同時にその基調テーマになる、あるいはそれに通ずると考えられるからである。通常、哲学の根本問題は、物質と精神、あるいは存在と意識のいずれが根本ないし第一次的かという点にあるといわれ、物質・存在と答える「唯物論」と、精神・意識と考える「観念論」とに分かれるといわれている。だがグラムシは、哲学の現実的な機能を歴史主義的に徹底して問う見地から、「あらゆる世界観、あらゆる哲学」の「根本問題」は、哲学がイデオロギーとして一つの文化運動あるいは宗教・信仰等となって「全社会的ブロック」を形成するという問題にあると考えている（Q11§12C、**p.1380.** 合Ⅰ-242）。これは結局、知識人層（の知的諸活動の基礎に抱かれている哲学）と民衆とが社会的ブロックを形成するという問題としてとらえなおすことができる。このようにとらえなおせば、その問題が、つまり端的に、**知識人と民衆の社会的ブロック**の形成という問題が、哲学のみならず、政治学にも歴史研究にも貫くことになり、したがって「四大主要テーマ」をも貫く『ノート』全体の基調テーマになると考えられるのである。

事実、『ノート』における諸考察は、この問題をめぐって旋回しており、この問題が、「序言定式」（マルクス）の「土台（経済構造）－上部構造」論の再解釈による、「構造－上部構造」論という「実践の哲学」の理論枠組においてとらえられ、したがってまた、あらゆる個別の諸問題もこの枠組内に位置づけられて考察されることになる（グラムシは通常、理論的考察においては「経済構造」を「構造」という）。ここで重要なことは、「実践の哲学」自体が一つのイデオロギーとして、他のあらゆるイデオロギーと同じく構造の矛盾を反映した一つの上部構造であると位置づけられていることである。そのうえで、他のイデオロギーと異なる優位性は、「諸矛盾の意識的表現」として「諸矛盾の合理的反映」であり、「**諸矛盾の十全な意識**」であることだ、とグラムシは主張する。それゆえに、「実践の哲学」は、自己の理論の内に自己自身を、他のイデオロギー・哲学と同じ方法で位置づけ説明し、また批判もするという真に自己言及的かつ自己再帰的な理論たりうるのだ、ということである。

3　「歴史的ブロック」と「絶対的歴史主義＝絶対的人間主義」

ところでグラムシは、構造と上部構造との一体性を「**歴史的ブロック**」とよび、それは、知識人

－民衆の社会的ブロックによって創造される、と考えている。したがって、その創造は、新しい歴史の創造、質的に新しい時代の創造を意味することになる。だから、「実践の哲学」の「構造－上部構造」論は、グラムシにおいては、たんに認識の枠組・認識の原理であるだけでなく、それを通じてある社会集団（プロレタリアートという階級）や個人が、「自己自身を諸矛盾の要素として位置づけ」、「自己自身の社会的存在、自己自身の力、自己自身の課題、自分自身の生成の意識を獲得する」ことにより、新しい知識人－民衆ブロック、新しい歴史的ブロックを創造して歴史を刷新する主体へと自己を高める「行動の原理」でもあると考えられている（Q11§62C、p.1487. 合Ⅳ 42.、Q10Ⅱ§41 XIIIB, p. 1319. 合Ⅱ 124)。

　それゆえグラムシにおいては、「実践の哲学……それは政治でもある哲学であり、哲学でもある政治である」（Q16§9C、p.1860. 合Ⅱ 31）のであり、この「政治」を通じて「歴史そのものとなる」ことが想定され（「哲学・政治・歴史の同一性」）、それが全面的に達成された時、「社会的諸矛盾」は消滅し、「人類の統一」が達成される。だがその時、「実践の哲学」は、「諸矛盾の十全な意識」であるゆえに終焉を迎えることになる。グラムシは、それまでに「おそらく幾世紀」を要すると予想しているが、ともあれこのように、この哲学は、あらゆるものを徹底して歴史的にとらえる見地を自己自身にも貫く「**絶対的歴史主義＝絶対的人間主義**」の立場にたつ哲学である、というのがグラムシの強調点であった。

4 「実践の哲学」の自己包括的複合性

ところで、いまみた引用句にいう「それは政治でもある哲学であり……」というのは、この「哲学」が一つのイデオロギーとしてある政治性をもつという意味であるが、現実の政治活動の展開へと移行していくには、現実の政治的諸事象の分析が必要であり、このためにも過去の歴史的諸事象の研究が必要となる。経済、社会、文化、その他の現実問題も科学的に研究されなければならない。

グラムシは、実はまさにこの必要性にもとづいて「実践の哲学」は、それ自体が、これらの諸科学、特に「歴史学、政治学、経済学の一般的諸概念が一つの有機的統一に結合される弁証法の学つまり認識論」にほかならない。それゆえに、諸科学を包括する複合的な体系を構成するのだと考える。つまり、上にいう認識論・弁証法が「真の固有の実践の哲学」として「哲学的一般部分」に位置し、そのうえで、これを共通の認識原理・一般的方法論とするようなかたちで特殊諸科学各々の方法論の一般的諸概念、たとえば「歴史学、政治学、さらに芸術、経済学、倫理学の方法論のすべての一般的諸概念を一貫して展開しなければならず、その一般的関連において自然科学の理論のための場所をみつける」（Q11§33C、pp.1447-48. 合II 165-66）ことによって構成される複合的体系である。

こうして「実践の哲学」は、哲学と諸科学との複合体となるが、グラムシは、この複合的体系の総体をも「実践の哲学」とよぶ。『ノート』では最初は、これを「マルクス主義」とよんでいたが、「実践の哲学」という呼称の採用とともに、この用語をこの旧称「マルクス主義」をも意味する語としたのである。このため、グラムシの「実践の哲学」という用語は、広義には旧称の「マルクス主義」総体をさし、狭義にはその「哲学」部分（「真の固有の実践の哲学」。旧称「史的唯物論」）を意味するという二義性ないし二重性をもつことになる。

だが実は、この二義性・二重性はたんに用語法上の問題ではなく、「実践の哲学」の特徴的な体系構造の表現なのである。つまり「実践の哲学」（狭義）は、他の特殊諸部分（諸科学）と並ぶ一つの特殊部分でありながら、「認識原理」として他の特殊諸部分を産出し一つの全体に統一しているのであって、その全体こそがほかならぬ「実践の哲学」自身（広義）であるという、それ自体が「弁証法の学」である「実践の哲学」自体の、形式論理学を超えるこうした弁証法的な体系構造を表しているのである。この構造は、広義「実践の哲学」が狭義「実践の哲学」を、つまり自己が自己自身を包括するという構造である。その意味で自己包括的な構造であり、このような構造からなる複合的な総体を自己包括的複合体と著者はよんでいる。

この構造は、論理としてはグラムシの独創ではない。実はヘーゲルの「概念」の論理構造がそれである。それは、「個別・特殊・普遍」の弁証法とよばれる論理であるが、一個のもの（個別）をいくつかの「特殊」的諸要素からなる一全体としてとらえる論理であって、そのもの（個別）が不断に変化しながらも、一定の自己同一性を、つまりそのもの全体に固有の「普遍性」を保って存在するのは、特殊的構成諸要素のなかの一つに「**特殊として現存する普遍**」の要素があるからだとみる論理をいう。グラムシは、この弁証法に則っているのであり、ここでは、まさしく「哲学的一般部分」として位置づけられた狭義「実践の哲学」(真の固有の実践の哲学)が、この「特殊として現存する普遍」の要素にほかならない。

5　「実践の哲学」の「自立的全体性」と唯物論－観念論問題

こうして自己包括的複合体系としての広義「実践の哲学」は、歴史創造に必要な諸科学を自己の構成要素(部分)として発展させ、また歴史創造の実践的過程の発展から生ずる新たな必要性に応じて新たな科学を生み出し、他面、それら諸科学の一般的諸概念が「哲学」部分に環流してその練り上げへと反響していくという関係が成立し、広義「実践の哲学」は、自己自身(狭義「実践の哲学」)に準拠した自立的全体性を獲得することになる。グラムシは、そこにおける哲学・政治学・経済学の三領域の間には、その各理論的諸原理の「**一つのものから他のものへの変換可能性**」、固有諸用語の「**相互翻訳可能性**」がなければならないと指摘しているが(Q11§65C、p.1492. 合Ⅱ39-40)、このことは、この三領域に限られることではないであろう。

ともあれ、ここにみる「実践の哲学」の自立的全体性は、新ヘーゲル主義思潮の磁場からイタリアにマルクス主義思想を最初にもたらし、マルクス主義の自立的な思想構造を主張した哲学者ラブリオーラのこの主張を継承したグラムシの強調するところであった。イタリア・新ヘーゲル主義思潮の高峰は、ラブリオーラからクローチェ、ジェンティーレへと続く尾根をなしていたが、グラムシは、ラブリオーラから、この「実践の哲学」の自立的全体性という理解を継承した。だが、ラブリオーラを介して青年期にマルクスの思想に手を染めた後二者からも深い影響を受けている。クローチェは、そこから「絶対的歴史主義」と「哲学と歴史の同一性」を提唱していたし、ジェンティーレは、マルクスのＦテーゼから「行為主義的観念論」を引き出し、やがてファシズムの哲学理論家になった（ムッソリーニ内閣の文部大臣にもなる）。グラムシの「絶対的歴史主義＝絶対的人間主義」と「哲学・政治・歴史の同一性」は、上のクローチェ思想を吸収しながらも、その観念論的思弁性を除去し、現実主義化を徹底して打ち出されたものであり、また「実践の哲学」という呼称の採用と理論内容の練成には、ジェンティーレ批判が込められている。

　マルクスはＦテーゼ1（Ｆテーゼのなかの第一テーゼ）で、「従来のあらゆる唯物論」は、「対象、現実、感性」を「人間的な感性的活動、実践として、主体的に捉え」ていないと批判し、だから「活動的な側面は唯物論に対抗して抽象的に観念論――それはもちろん現実的な感性的活動をそのようなものとしては知らない――により展開された」のだと主張した。ジェンティーレは、このマルクスのいう「実践」を、そこから「現実」が生み出される抽象的な実体であるかに解し、やがてそこから行為主義的観念論を主張していった。獄中のグラムシはこの解釈を峻拒し、「実践」をあくまで歴史的・具体的な人間の活動、つまり「現実」に対する歴史的な「活動的関係」として理解し、この活動的関係を通じて現実は人間にとって具体的に存在する「現実」として現れる、つまりそのような具体的な「現実」に「成る（生成する）」、とみた（抽象的な「現実」というものは、まさしく現実には存在しない）。グラムシにとり、マルクスの創始した哲学は、ジェンティーレ的な『「純粋』行為の哲学」でなく、「『不純』な行為〔atto〕の哲学」、つまりあくまで具体的な「現実的行為の哲学」（Q11§64C、**p.1627.** 合14）であり、まさに「実践」の哲学にほかならない。そして彼は、この「実践」概念を同じマルクスの「序言定式」（構造－上部構造論）につないで理解する。そこで彼においては、「実践の哲学」の理論上の「**統一的中心**」は、「――実践――、すなわち人間の意思（上部構造）と経済構造との関係」（Q7§18B、**p.868.** 合Ⅱ**39**）にあることになる。

このようなマルクス哲学の理解の仕方は、「唯物論」哲学として理解されてきた「公式」マルクス主義の立場と異なっている。獄中のグラムシは、この「公式」的立場を教科書として初めて体系的に著したブハーリンの『史的唯物論――マルクス主義社会学の一般用教程』（一九二一年）を獄中で検討対象にすえ、その批判をQ11の一部にまとめた。そこでは、ブハーリンが弁証法の意義と重要性を理解しえず、進化論と実証主義、科学主義と結びついて「哲学的唯物論」に退行している、と厳しく批判されるが、それは実は、「公式」の「実践の哲学」（マルクス主義）に対する批判なのである。

グラムシが強調することは、マルクスが創始した「実践の哲学」は、自立的全体的な哲学であり、いずれも抽象の哲学である唯物論と観念論との伝統的対立を弁証法的に克服・総合した「**唯一の具体的な哲学**」(Q11§14C、**p.1402.** 合II 173) であって、「哲学じたいの構想の仕方を全面的に刷新しているからオリジナルなのである」(Q11§27C、**p.1436.** 合II 211) ということである。

それゆえ『ノート』における哲学研究は、一方では、このようなブハーリン(唯物論)批判を通じて、また他方では、クローチェ(観念論)批判(Q10)を通じて、唯物論と観念論との現代的再総合の追求、「実践の哲学」の自立的全体性・全面的な具体性の回復として推進された。

6 『ノート』の内的体系性と歴史方法論・社会学問題

このような企て、特に「実践の哲学」の自立的全体性・具体性の回復は、たんに哲学領域における探求のみではたしえない。「実践の哲学」の自己包括的な複合性により、その全体性回復の作業は、あらゆる実践的・理論的諸問題に及ばざるをえない。既述のように、『ノート』における考察は驚くべき広範囲にわたっているが、それはこのためである。『ノート』全編は、「実践の哲学」のこの複合的な全体性をあらゆる必要な分野にわたって文字通り具体的に証明してみせるという壮大な企てでもあった。叙述形式の断片性と、それにもかかわらず、その内側に強靱な論理の一貫性と深い体系性がひそむ理由が、そこにある。

既述の四大主要テーマは、「哲学・政治・歴史の同一性」に照応しているが、同時にそれは、人類の統一という遠大な国際的展望のもとで、その展開に寄与する方向で自国における新しい知識人―民衆ブロックを形成することを自己の任務と考えるイタリア知識人のひとりとして、多種多様なテーマのうちで特別に精魂を傾けたテーマでもあった。そのなかの既述③④はイタリア史の研究であった。そして、それに必要な方法論の探求は、「歴史叙述の理論」の探求として当初から設定されていた。その方法論は、その後「歴史と政治の科学」の方法論あるいは端的に「歴史方法論」と言い表されることが多くなるのであるが、ともあれ、それは三次元構造を有する方法論として確立されていく。後の章で詳説するが、次章以下でその方法論の固有用語を若干用いるため、ここで簡単に述べておく。

第一の次元・αは、これまで述べてきた狭義「実践の哲学」(「真の固有の実践の哲学」、「弁証法の学つまり認識論」)の次元、要するに「哲学」の次元であり、これが「歴史の一般的方法論」をなす。

第二の次元・βは、それを「**歴史と政治の研究と解釈の実際的諸基準**〔canoni pratici〕」に変換・翻訳して成立する「歴史と政治の科学」固有の「**方法論的諸規準**〔criteri motodologici〕」であり、これは、その「体系的展開」がなされるべきものとされていた。

第三の次元・γは、各々の社会諸事象の固有性・一回的な個別性と、その反面での経験論的・蓋然的な「傾向的法則性」とをとらえる方法論の表現としてグラムシが「**歴史と政治の文献学**〔filologia＝（歴史）言語学〕」とよぶ次元である（バルトリ教授からの習得がここに生かされている）。

この三次元方法論は、事実上Q１のはじめから駆使されている。明確な定式化は、Q16でなされるが、その間の探求には、『マルクス主義社会学の一般用教程』という副題をもつブハーリンの前掲書に対する批判とも関連して、実証主義社会学の問題の哲学的・社会科学論的検討が含まれている。グラムシは、「社会学」が扱う諸テーマ・諸問題をきわめて重視した。彼の「歴史と政治の科学」は、ある意味では、彼自身がいっているのであるが（Q16§３C、p.1845. 合Ⅳ 273）、実証主義を克服した、「実践の哲学の社会学」を打ち立てる企画であったとさえいえる。上記「実際的諸基準」は、結局その「体系的展開」がなされないで終わったが、それがなされれば、ある意味で一つの反実証主義的な社会学の社会理論をそこにみることも不可能ではない、と著者は考えている。

こうしたわけで、本書では、以下、この『ノート』が社会学的な実質的内容をもつことが明らかになるように、「個人と集合体（社会）」の問題における見地から始め、「人間」論をへて、歴史と国家に関する「理論」に到るという順序でグラムシの議論をとりあげ、その概説を試みる。そしてその後、歴史の三次元方法論を再説したうえで、それによる経験的分析の実例として「アメリカニズムとフォード主義」をとりあげ、その諸特徴をみることにしよう。

第4章　集合体と個人・人間・人類

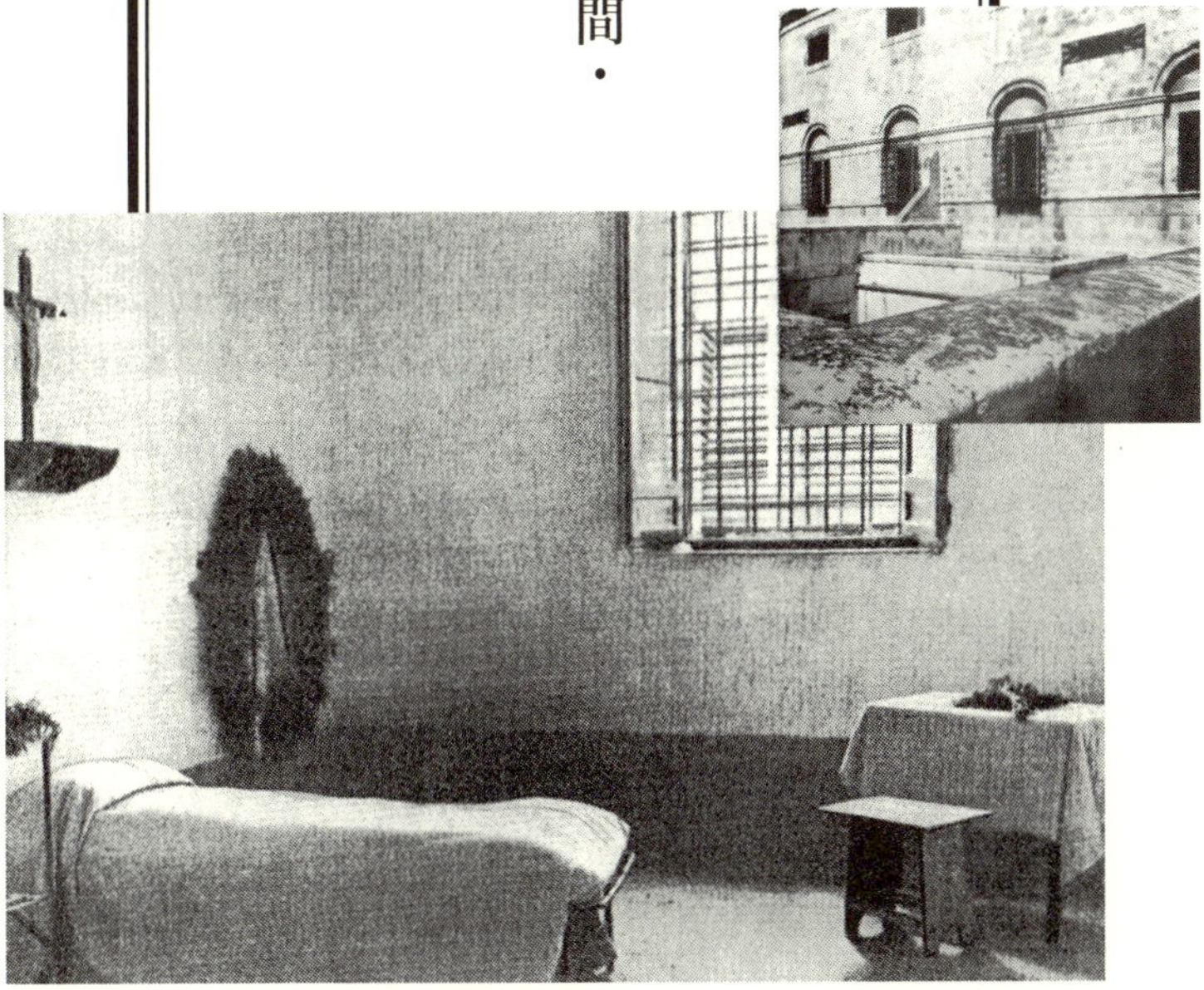

トゥーリ監獄・外観（右上）と独房

S.F. Romano, *Gramisci*, 1965, pp.89, 544 より

1　質に移行した量としての社会的集合体

社会に関する考察を方法的に首尾一貫させようとすれば、必ずいわゆる「個人と集合体」という問題に突き当たる。ここで「社会」というのは、全体としての社会であれ、特殊諸社会であれ、すべて人間の集合体（社会的集合体）であり、それを構成する諸個人からなりたっている。ところが、ひとたび成立した集合体は、それを構成する諸個人の意図や願望とは別個の、独自の運動をなすことは、誰もが経験的に知っていることである。そこで問題は、この集合体とその構成者諸個人との関係を理論的にいかに掴むかということになる。社会学において社会学の「根本問題」といわれる問題が、これである。

グラムシは、あらゆる社会的集合体は、構成者諸個人のたんなる算術的総和に換言されえず、その総和を超えた一つの有機体として、その存在の独自性をはっきりと認めるが、他面、それを構成者諸個人から抽象的に分離するあらゆる見方を峻拒する。だから、デュルケムのように、「社会」の「本質」を、諸個人から分離された抽象的実体のようにみなされた「集合意識」に求め、それが諸個人に「内面化」されるといったとらえ方は一切なされえない。では、どのようにとらえるか。

グラムシは、構成者諸個人は、一つの集合体に結合されることによって、程度の差こそあれ、たんなる個人性を脱してまさにその構成者に相応《ふさわ》しい存在（「**集団的人間**〔uomo collettivo〕」）に変化するととらえ、そこに成立するたんなる諸個人から集合体への変化を、ヘーゲルの「**量の質への移行**」の弁証法で把握する。存在するものはすべて量と質をそなえているが、両者は不可分である。独自の質とは、独自の存在を意味し、社会的集合体は、それを構成する諸個人の総和（量）を超える独自の質であるところの、質に移行した量にほかならない、というわけである。

2　矛盾を孕んだ集合体における組織化の「必然性」

そのうえで、問題が複雑になるのは、その内部に矛盾、したがって対立や敵対の関係、特にグラムシが重視する階級的亀裂、が孕まれている集合体の場合である。一国の資本主義社会の総体がそれであり、また個別の資本主義的企業内でその結合の緊密性が追求される従業員総体からなる集合体もその好例である。

こうした場合の考察においてグラムシは、そこには集合体形成を必要〔necessità〕とする客観的な前提条件が存在すると考え、その前提から生ずる「**組織的性格の必然性**〔necessità〕」を基礎に据えて「量の質への移行」の問題をとらえ、集合体を意識的に形成する組織化の社会的−政治的過程を考察することになる。この「前提」は、社会全体の規模では、「生産諸力の総体」、企業内では「分業や機能分化」などであり、すべて人間自身によってつくられたものである（Q11§32C、p.1446. 合II

217)、とグラムシは指摘する。

しかし同時にまた、その「前提」からいかなる「必然性」が存在するのかは「自明ではなく、誰かこれを批判的に識別し、完全にまたほとんど『毛細管的』にその主張者となる者を必要とする」(Q14 §61 B、**p.1875**)、と問題の性格を提起する。何が「必然的」なのかをめぐって階級間で争論が不可避となる。「『必然的なもの』を『自由』に変えねばならないが、このためには『客観的』な、すなわち当該集団にとって特に客観的であるような必然性を認識しなければならない」(*ibid.*)、とグラムシは説く。彼においては、主体・主観と分離された抽象的な純粋「客観性」は存在しない。歴史における「必然性」の概念は放棄されることなく、機械論・決定論あるいは科学主義から完全に浄化され、ヘーゲルの「必然性の自由への移行」の弁証法を歴史主義的・現実主義的に再構成した弁証法の必須の具体的な概念として保持される。

3　「歴史的ブロック」としての人間

集合体において構成者諸個人は、一つの「集団的人間」に変化すると先に述べたが、このことは、個々の個人についてみれば、個人が「集団的人間」の一部になることである。集合体の一部になるといっても同じである。ところが、各々の個人は多様な集合体に属し、重複成員性をもつ。では、そこから生じうる個人の「役割葛藤」や、自己同一性の問題などは、いかに考えられるのか。グラムシはもちろん、個人を、所属する諸集合体から与えられる多種多様な「役割の束」とはみていない。そもそも「個人」を「人間」と単純には同一視せず、「人間」を当の「個人」とその自己性を出発点とする一つの複合的な総体として理解する。この複合体も弁証法的な自己包括的複合体である。そしてグラムシは、これも次のように「**歴史的ブロック**」とよぶ。

「人間は、①純個人的・主観的諸要素と、その個人が活動的に関係している〔è in rapporto attivo＝活動的関係における〕ところの〝集団の構成員たち〔elementi di massa〕ならびに③客観的・物質的な諸要素との歴史的ブロックとして考えられるべきである」（Q10Ⅱ§35Ｂ、p.1338. ①〜③は引用者）。

ここにみられるように、この「歴史ブロック」としての「人間」は、①〜③の三種の要素からなる複合体であるが、それは、当の個人である①自身の「主観」能動性の現実的・実践的働きとしての②③に対する「活動的関係」を通じて、自己の「主観」において自己のもとに統一されて成立する一全体である。その一全体が「人間」である。したがって、それは自己のたんなる「個人性」を超え出ているが、同時に、自己の個人性は「特殊として現存する普遍」としてその「全体」と同一でもある。一人の人間の変化・発展・成長は、当の「人間」が、変化する歴史的諸条件のもとで「個人」として活動的関係をもつ②や③の諸要素そのものの変化やその対象範囲の拡大としてとらえられるが、その変化のなかでも「自己同一性」が保持される理由が、この「個人」が「特殊として現存する普遍」

の要素をなしているからだということになる。いうまでもなく、この「歴史的ブロック」は、前章でみた構造と上部構造との一体性を意味する「歴史的ブロック」とは、同一ではない（論理構造に共通性があり、いずれも自己包括的複合体ではあるが）。そこで以下、この区別を明記したほうがよいと思われる場合、「人間」の方を「歴史的ブロック」Bと記し、前章でみたものを「歴史的ブロック」Aと表すことにする。

4　生成としての人間と現実

上の引用句に「活動的関係〔rapporto attivo〕」という語があるが、この語は前章のマルクスにおけるFテーゼ1の解釈に関する論述箇所ですでにみられた。そこでは、グラムシは、「『実践』を『現実』に対する歴史的な『活動的関係』として理解し、この活動的関係を通じて現実は人間にとって具体的に存在する『現実』として現れる、つまりそのような具体的『現実』に『成る（生成する）』、とみた」（四八頁）、と記されている。著者が「活動的」と訳している《attivo》（アッティーヴォ）という語は、「能動的」とも訳しうるが、そもそもが何かに「強く作用する」という意味をもった形容詞である。ところで作用〔azione〕を受けたものは変化・変容すると同時に、作用主体に反作用〔reazione〕する。

グラムシは、この相互連関をふまえて「活動的関係」を考えている。つまり、人間は、現実に対する活動的関係において、つまり、現実を変える活動〔atto〕の過程において具体的な現実を生成させるが、その過程において現実からの反作用を受け、それに対応しうるようにつねに自己自身を変えねばならない、ということである。この不断の相互的過程においてのみ人間は現実に存在しうるのであり、「現実」を変えながら、つねに新たな現実を生成させると同時に、不断に自己自身を変え、具体的・現実的な「人間」として自己自身を生成させる。この人間自身の活動による不断の自他の生成過程が一定の歴史的諸条件のもとで展開される。それゆえグラムシはいう。「われわれは人間との関係においてのみ現実を認識するのであり、人間が歴史的生成であるからには、認識と現実も一つの生成であり、客観性も一つの生成である」（Q11§17C、p.1416. 合Ⅱ 187）。

このようにグラムシは、Fテーゼ1から、人間の活動による生成（過程）としての現実という現実概念を受け取るだけでなく、これと表裏をなして、この過程は、当の人間自身が活動的主体として不断に自己生成する過程でもあるという人間把握・人間概念を引き出した。この意味で「人間は……自らの諸行為の過程である」とグラムシはいい、次のように論ずる。

「人間を、そこでは個人性〔individualità〕が最大の重要性をもつとしても考察すべき唯一の要素ではないところの一連の活動的諸関係（一つの過程）として理解しなければならない。各々の個性〔individualità〕に反映するヒューマニティ〔umanità〕は、いくつかの要素、すなわち、⑴個人、⑵他の人間たち、⑶自然から構成される。だが、⑵と⑶の要素は、一見してそうみえるほど単純ではない。個人は、並立状態でではなく、有機的に、すなわち最も単純なものから最も複雑なものに到る諸組織体〔organismi〕の部分になっていく〔entra a far parte di organismi ＝加わるようになる〕限りにおいて、他の人間たちと関係をとり結ぶ。同様に、人間は、単に自分自身が自然であるという事実からではなく、活動的に、労働と技術とを介して自然に関係する。それだけでない。こうした諸関係は機械的でない。活動的で意識的、つまり、個々の人間がそれに関して大なり小なりもっている理解〔intelligenza〕の程度に対応しているのである」（Q10§54B、pp.1344-45. 合Ⅰ 274-5）。

5　人間の自己性と重複成員性・人類の統一と「客観性」

この「**ヒューマニティ**〔umanità〕」が、したがって、それを有する存在すなわち「人間」が、⑴～⑶から構成されるという論述は、「人間」は、①～③からなる「歴史的ブロック」だという前出の議論と同じことを、より立ち入って述べただけである。前出の①～③は、ここでは⑴～⑶ととらえなおされている。それにより、一つには、各種大小・多数の諸「組織体」（一国の社会総体も一つの「組織体」として含む）に加わっているという個人としての人間の重複成員性が明確になっており、そうした仕方で人間の自己性と成員性との二重性が示唆されるだけではない。注目すべきことに、個人は内属する各々の組織体（集合体）において、その「部分」、つまり一成員になる（しかるべき役割を担う）ことで、むしろ自己性を発揮して他者に対して活動的に関係するのだ、という把握までもが明確にされている。だから、個人は、その重複成員性により、諸々の組織体から与えられる「役割の束」になるだけでなく、自己性を発揮して、所属諸組織内の他者への活動的関係を通じて当該組織の役割体系のあり方、したがってその組織体のあり方自体を変革する主体でもあるのだ、ということになる。そうした各場所での変革を通じて、個人としての人間は自己を更新し、成長・発達をとげていく。グラムシはいう。

「外界を、全般的諸関係を、変更することは、自分自身を強くし、自分自身を発達させることを意味する。倫理的『改善』が純個人的なことであるというのは、錯覚であり誤謬である。つまり、個性の構成諸要素の総合は『個人的』であるが、しかし、この総合は、外部に対する活動なしには、つまり自然に対する諸活動から、ついには全人類におよぶ最大の関係に達するところの生を取り巻くさまざまな社会的範囲のさまざまな程度の他の人々に対する諸活動に到る、外的諸関係を変更する活動なしには、実現せずまた発達しない。したがって、人間は本質的に『政治的なもの』であるということができる。というのも、意識的に他の人々を変えたり、指導したりする活動が、その人の『ヒューマニティ〔umanità〕』、その人の『人間的本性〔natura umana〕』を実現するからである」(Q10 II §48 B、p.1338.)。

ここにみられる通りであるが、ここで、自己の生を取り巻く社会的環境をなす「さまざまな社会的範囲」の「最大」の範囲として、国境を越えて「全人類」の範囲までもが視野に収められていることは、重要である。グラムシは、「個々人が参加しうる諸社会、それはきわめて多数であり、思いうるものよりはるかに多い。個々人が人類の一部になるのは、これらの『諸社会』を通じてである」(Q

10Ⅱ§54B、p.1346. 合Ⅰ276）、といっている。人類は、いまだ統一された一つの「社会」を形成していない。だが、その途上にあるとグラムシは考えており、統一されて世界的規模で社会的諸矛盾が解消された時、人類の「**統一的文化体系**」が成立すると予想している。

またその時初めて、あらゆるイデオロギーは（したがって「実践の哲学」も）消滅して、自然科学領域だけでなく社会科学領域においても「客観的」認識が十全に成立しうる、と彼は考える。先に引いた語句のなかに、「認識と現実も一つの生成であり、客観性も一つの生成である」とあったが、この「客観性」が十全な生成をとげるのである。では「客観性」とは何か。彼はいう。「客観的とは、つねに『人間的に客観的』を意味し、このことは『歴史的に主観的』と正確に対応しうるのであり、いいかえれば、客観的とは『普遍的主観』を意味するであろう。人間は、統一的文化体系において歴史的に統一された全人類にとり認識が現実的であるかぎりにおいて客観的に認識するのである。……だから、この客観性のための（部分的で偽りのイデオロギーから解放されるための）闘争が存在するわけであり、この闘争は人類の文化的統一のための闘争そのものである」（Q11§17C、pp.1415-6. 合Ⅱ186-7）。

6　協同による個々人の自己拡大と「必然－自由」の弁証法

このように「全人類」に及ぶ最大限に広い視野をもって、環境を改変することを考えた時、個々人の力、自己自身の力の小ささを誰もが思わないわけにはいかない。「だが」とグラムシはいう。「そのことが真であるのは、ある点までである。なぜなら、個々人は、同じ変革を欲するすべての個々人と協同すること〔associarsi〕ができるし、その変革が合理的なものであれば、個々人は自己を何層倍にも拡大し、当初可能と思えたものよりもはるかにラディカルな変革を達成しうるからである」（Q10Ⅱ§54Ｂ、p.1346. 合Ⅰ 276）。

協同組織（アソシエーション）の意義をこのようにグラムシは考えている。協同組織という集合体を創造する、あるいはそれに参加するのは、諸個人の自発的な意思・自己性にもとづくが、その一成員になることは、その一部になることである。しかしそれにより、協同してめざす「変革が合理的なものであれば」、当の個人自身の「歴史的ブロック」Ｂは著しく拡大再編成をとげ、協同により「はるかにラディカルな変革を達成しうる」。

ここで「合理的なもの」とは、前述の客観的「必然性」理解を前提にして、そうした歴史的「必然性」に照応していることをいうのであるが、この意味での「合理的」な変革への協同においては、客観的な「必然性」は、各人の意識（主観）において「自由」（内発的意思）に変わる、とグラムシはいう。「**必然性の自由への移行**」の弁証法が考えられているのであるが、そこにおいてこの移行の弁証法は、「量の質への移行」の弁証法に一致する、と彼はみる。

7　集合体形成における言語－文化問題の重要性

グラムシは、総じて集合体の形成や社会変革の問題等を考察する場合、言語－文化問題をきわめて重視する。そのことは、次の言及に明らかであろう。

「言語（linguaggio）は文化および哲学さえをも意味する（単に常識の水準においてではあるが）。したがって、言語という事実は、現実には、多少とも有機的に脈絡のある秩序づけられた諸事実の多様性であり、少なくともいいうることは、ものを言う誰もが自分自身の個人言語、すなわち自分固有の思考と感覚との様式をもっているということである。文化が、大なり小なり、多様な程度で相互に理解しあう表現的な接触等により、そのさまざまな程度において、多数の層における大量あるいは小量の諸個人を統一する。……／ここから、『文化的契機』が（集団的）実践活動において占める重要性が演繹される。あらゆる歴史的行為は、『集団的人間』によって達せられざるをえない。いいかえれば、歴史的行為は、それにより異質の目的をもつバラバラの多様な意志が一つの（一様な）共通の世界観（一般的および特殊的な、一時的に――情動により――はたらく、あるいは永続的にはたらく世界観、それにより、その知的基盤が情熱となりうるほどによく根を張り同化され生きられるところの世界観）を基礎にして同一の目的に向かって互いに接合されるところの『文化的・社会的』統一の達成を前提とする。このようにして行われるのであるから、一般的言語問題の、すなわち同一の文化的『風土』の集団的達成の、重要性は明白である」（Q10 II §44 B、pp.1330-31. 合Ⅰ 269-270）。

ここでは、言語・文化が、文化の社会的統合機能に着眼されて語られている。この引用句のあと「共通の言語」についても言及されている。本章のはじめに、質になった量としての社会的集合体という把握の仕方について述べたが、グラムシにおいては、この「質」としての集合体は、「共通の言語」を媒介として成立する「集団的人間」の精神的・文化的な「質」の共通性あるいは等質性という問題とつながっている。また、「活動的関係」というグラムシの概念は、他の人々に対するものである場合、それは、主として言語を介して（発話行為を通じて）「相互に理解しあう表現的な接触」、つまり相互的なコミュニケーションの過程における他者に対する能動的な働きかけの関係として考えられていることが、上の引用句から判然とする。

『ノート』の基調テーマとして前述した「知識人－民衆の社会的ブロック」は、この引用句の後半でいう、『文化的・社会的』統一の達成を前提」として形成される「歴史的行為」の主体としての「集団的人間」に直接に重なっている。グラムシは、それを、主として言語を介した相互的な活動的関係の知識人層の側からする展開を通じて形成される、と考えている。この知識人層の側からする民衆に対する活動的関係は、グラムシの「歴史の理論」においては、一階級の全社会に対する「ヘゲモニー」の関係として現われる。次に、その歴史の理論をみてみよう。

第5章　歴史分析の理論枠組

——知識人・階級・ヘゲモニー

グラムシ収監後の顔写真

犯罪者カードのグラムシの顔写真（逮捕は1926年11月8日）

Gramsci et Son Temps, 1979, p.73 より

1　階級史観の再構成

グラムシの「歴史の理論」とは、哲学（旧称「史的唯物論」）を意味するが、ここでは、その翻訳・変換形態である「歴史と政治の研究と解釈の実際的諸基準」をもあわせて両者を合体させ、グラムシにおける歴史分析のための理論枠組として再構成し、その主要な諸概念を中心にして概説することにする。

第3章で述べたように、知識人と民衆の社会的ブロックの形成は、構造と上部構造との一体性としての「歴史的ブロック」Aを創造することになるのであった。ここでは、知識人―民衆ブロックは、実は、自己の知識人層の媒介のもとで創造される自己のヘゲモニーを通じて指導階級となった一階級が、従属諸階級（民衆）を一つの社会的ブロックに組織して構成されるという、その内部構成の階級論的な内容を把握することが重要となる。

これについては順次説明するが、その大前提は、グラムシも、マルクスとエンゲルスの「すべてこれまでの社会の歴史は、階級闘争の歴史であった」（『共産党宣言』）という言葉に示される階級史観を、「実践の哲学」の歴史観として継承しており、「歴史を諸階級の歴史として捉えない」諸議論を退ける。古代は貴族の時代、中世は封建領主の時代であったように、近現代はブルジョアジー（資本の階級）の時代であり、それぞれの時代の特質は、概して支配階級の特質の投影である。支配的となった階級は歴史そのものになるのである。グラムシの生きた時代は、ロシアにおいてプロレタリアート（労働者階級）が、自己の国家を創建するのに成功し、旧い時代が破局を迎え、新しい歴史が本格的に始まりだしたようにみえた時代であった。

そもそも**階級**〔classe〕とは、全体としての社会が、敵対する諸集団に分裂している事態を表す存在であり、矛盾を孕んだ構造（経済構造）における地位と機能の相違によって類別される人間の社会的部類・社会集団をさす。グラムシも、「どの階級も、本質的には経済上の事実存在〔fatto〕」だといっている。

ところで、「矛盾を孕んだ」というのは、その経済構造が、単純化していえば、一方に勤労する従属諸階級がおり、他方にこの労働の成果を収奪し富を独占する優越諸階級がいて、双方が他方の存在を前提にしておりながら対立するという関係において成立しているからである。それゆえに、この矛盾から従属諸階級が不断に抵抗、闘争を試みることが必然的となるが、経済的に優越的な階級は、それを抑止するだけでなく、既存の経済構造に人民大衆を順応させるべく、自己の発展に適合的な「政治的・法律的・道徳的上部諸構造」を構築することによって、この構築の能力をもつ支配階級として自己の歴史をつくることになる。

なお、上記の「政治的・法律的・道徳的上部諸構造」という語は、「イデオロギー」を意味した哲学次元での「上部構造」の概念を実際の歴史考察の方法論の用語に変換したものとして、一定のイデオロギーにもとづいて全社会に構築された組織化機能の編成、つまり人々を結合し組織する諸機能の組織的編成をさしている。

もともと「構造―上部構造」論は、階級史観のマルクス的理論枠組であるが、グラムシが関心をよせるのは、元来「本質的には経済上の事実存在」にすぎず、その意味で筆者の言い方では、単なる統計的集団にすぎない一階級が、いかにして、自己を一つの集合体(協同組織)に組織して独立の一勢力として歴史に登場し、遂には全上部構造を構築しうる力量をもって自己の歴史を創造する新しい支配階級となりうるのか、という問題であった。グラムシは、その鍵を、「知識人」に見出していた。『ノート』の主要テーマの一つに包括的な大テーマとしてイタリア知識人史を設定したのも、ルネサンス期以来のイタリア・ブルジョアジーがいかにして自己の国家を創建するに到ったかを検証するためであった。それと並行して、理論的には、従来の「実践の哲学」における構造―上部構造論の決定論的・機械論的解釈を払拭して、歴史における人間の主観能動性を正当に回復することによって知識人概念を導入しうる余地を開き、そのためにも必要となる「歴史主体」の見直し、すなわち階級という社会集団だけでなく、独自の次元としての個人次元を正当に位置づけうるようなものへの階級史観の再構成という壮大かつ複雑高度な難問との取り組みに乗りだしたのであった。

2　階級の自己組織化と「有機的知識人」

「歴史は……いつも所与の瞬間に現存するものを改変するための諸個人と諸集団の継続的闘争である」（Q16§12C、p.1878）、とグラムシはいっている。この「諸集団」とは集合体として現れた階級をさすが、階級は、「本質的には経済上の現実存在」であった。だが、「個人」（としての人間）は、そのような存在ではない。それ自体が、意識をもつ精神的存在でもあって、既述のように自己を自ら組織する自己包括的な一個の有機体・統一体をなす。この自己を統一する意識において個人の「**人格**」がある。その誰もが経済生活を営んでおり、その限りで、経済上いずれかの階級に属するとしても、個人としては、自己の意識と意思によりこの経済的階級帰属の境界を越えて、他階級の運動に参加したり支持したりすることが可能な存在である。グラムシのいう「知識人」については、まずこのような当人の経済的階級帰属に縛られない個人としてとらえたうえで理解する必要がある。

グラムシの「知識人」概念は、文学者や学者・芸術家などの「この名称で普通に理解されている諸層だけでなく、一般に生産の分野であれ文化の分野であれ行政・政治の分野であれ、広い意味で組織化の諸機能を営む社会層〔storato sociale〕の全体」（Q19§26C、p.2041. 合Ⅱ 273）として著しく拡大されている。政治家・官僚も、政党員も、あるいは企業の技術者・管理職層も、社会全体の諸分野で組織化機能を担う「知識人」である。これはグラムシにとり、階級ではなく、諸階級に対する心理的関係が問題にされる存在である。そこからグラムシは、自己を一階級に結びつけている「有機的知識人」と、自己を諸階級から独立した存在と考えている「伝統的知識人」という基本的な分類を立てる。「有機的知識人」に関してグラムシは、次のようにいっている。

「各々の社会集団〔階級〕は、経済的生産の世界における一つの本質的機能という本源的地盤の上に現れるとき、それといっしょに、その社会集団に等質性を与え、また経済の分野のみならず社会と政治の分野にもおけるその集団自身の機能に関する意識を与える一つあるいはそれ以上の知識人層を有機的につくりだす。資本主義的企業家は、自己自身と一緒に工業技術者、経済学者、新しい文化の組織者、新しい法律の組織者等々をつくりだす」（Q12§1C、p.1513. 合Ⅲ 79. 傍線は引用者）。

「各々の新しい階級が、自己自身とともにつくりだし、その前進的発展につれて鍛え上げる『有機的』知識人は、たいていの場合、この新しい階級が生みだした新しい社会的な型の本源的諸活動のある部分的諸側面の『専門化』とみることができる」（Q12§1C、p.1514. 合Ⅲ 80）。

これが「有機的知識人」であるが、重要なことは、一階級にそれ「自身の機能に関する意識を与える」のは、この有機的知識人であるということである。だから、この知識人なしには、この集団の「意識」はなく、したがって一階級は、バラバラな単なる「量」としての経済的な統計的集団（統計量＝人数）にとどまり、「質」に移行した集合体としての活動的な社会集団をなさない、と理解されていることである。それゆえ、対立する諸階級が、対立する諸勢力として歴史に登場する過程を、「それらの内部では量がたえず質に転化するので決して固定的な量に還元しえないところの不断に運動する対立的諸勢力」(Q11§11C、p.1403. 合Ⅱ175) として掴まれるわけであるが、この量の質への転化・移行を媒介するのが、各階級が生みだす自己の「有機的知識人」であり、この「有機的知識人」はそれぞれに、各社会集団の「特殊部類」・「有機的補完」・「統合的一部」としてとらえられることになる。その場合、個人としての知識人自身の経済的な階級所属や出身階級はなんら問われない。自階級の内部から生まれるものもあれば、経済的には他階級に属するものもありうるのであって、その知識人としての機能の階級性が問題であるだけである(エンゲルスは、経済的には工場経営者つまり資本家階級に属していたが、労働者階級の「有機的」な大知識人であった)。

3　基本的階級・強制と同意・支配と指導

経済的な、たんなる統計的集団としての階級を、グラムシは、『『本質的』階級」・「経済的階級」あるいは「経済的社会集団」ともいっている。だがこの階級は、不断に量が質へと、つまり、生きた活動的社会集団(集合体)へと移行し運動しているのであった。では、この移行が完了し、一階級が、その「経済的階級」に所属するあらゆる個人を組織し終えるのはいつのことか。グラムシはそれについて、それは当の階級が支配階級になり、自己の国家を創建しえたとき、そのときから本格的に可能になると考えていた。彼はいう。

「諸々の指導階級の歴史的統一性は国家に生じ、その歴史は、本質的に諸国家の歴史、諸国家の諸集団の歴史である。……基本的な歴史的統一性は、その具体性からして、国家もしくは政治社会と、『市民社会』との有機的諸関係の結果である。従属諸階級は、定義からして統一されておらず、また『国家』になりえない限り、自己を統一しえない。それゆえ、彼らの歴史は、市民社会の歴史で編まれており、市民社会の歴史の、それゆえ、国家もしくは諸国家の諸集団の歴史の、『分解された』不連続な一関数である」（Q25§5C、p.2287-8. 傍線は引用者）。

ここから明らかであるように、一階級は、従属階級の状態を脱して新しい国家の支配階級になってから自己の統一を達成し、自己の組織化を完了しうる。グラムシは、これを一階級が「国家となる」ともいい、それを通じて一階級は歴史そのものになると考える。

ただし、どの階級であっても、国家になりうるのではない。グラムシは、現に国家となっている階級（ブルジョアジー）と、国家になりうる階級（プロレタリアート）とを**基本的階級**〔classe fondamentale〕とよぶ（ロシアでは、プロレタリアートが国家になったばかり）。それは主要な生産分野の生産手段を所有して生産を掌握しているか、あるいは、直接に生産を担っているかする生産的諸階級に限られるが、グラムシは、農民は生産的階級ではあるが基本的階級にはなりえないとみている。

ともあれ、国家となった階級は、支配階級になったわけであるが、しかし同時に指導階級でもなければならない、と次のように指摘する。

「一社会集団〔A稿では「階級」〕の覇権〔supremazia. A稿では「支配」〕は、『支配〔dominio〕』および『知的道徳的指導〔direzione intellettuale e morale〕』という二つの様式で現れる。ある社会集団は、それが武力に訴えても『一掃』ないし服従させようとする敵対集団を支配する。そして、近親諸集団〔A稿：同盟諸階級〕を指導する。ある社会集団は統治権力を獲得する以前から、すでに指導的でありうるし、また指導的であらねばならない（これが権力獲得そのものにとって主要な条件の一つである）。その後に、権力を行使するときにも、またこの権力を強力に掌握している場合でさえも、その社会集団は支配的になってはいるが、しかし、やはり『指導的』でもあり続けなければならない」（Q19§24C、p.2010, 合Ⅱ225-6）。

このように支配階級は、指導階級でもなければならず、二つの顔をもたねばならないことになる。国家権力（法的強力）による「**支配**」と、「同意」を得ようとする「**指導**」は区別されている。内的矛盾によって分裂している階級社会では、どの基本的階級が支配することになったとしても、それへの抵抗を限定する強力（強制力）による「支配」は不可欠であるが、それだけでは沈黙の服従は得ることができるとしても、一時的であり、支配階級の経済面をも含めた発展路線にそって社会全体を再編成しながら、それに合致したあり方での「自由かつ自発的な」民衆（従属諸階級）の活動を生みだし促進するような「同意」と協力を広範に獲得しうる複雑な「指導」の諸活動が必要だ、ということである。グラムシは、一般的にいえば、階級社会における社会組織化の機能を、**強制**〔coercizione〕（強力〔forza〕）と**同意**〔consenso〕（説得〔persuasione〕）という二契機から把握し、その組み合わせ、その均衡を問題にする。

4　ヘゲモニーの概念と「経済的－同業組合的段階」の超克

一階級は、同盟諸階級さらには全社会に対する「指導」の過程において、それに持続的に成功するならば、広範な住民諸階級から威信と信頼を獲得し、「指導」は恒常的な同意を獲得することになる。そこに成立するのが、グラムシが在外期に学びとり獄中で練り上げた、「支配」や「権力」の対概念としての「**ヘゲモニー**〔egemonia〕」である。それはいつも、いずれかの基本的階級のヘゲモニーであり、あるいは、対抗しあう二つの基本的階級のヘゲモニー間の闘争としてである。

ヘゲモニーとは、一階級が、自己が全社会に向けた指導に対して広範な住民大衆から恒常的に同意を獲得している状態であり、そこに成立している階級間の指導－同意の関係をさすが、そこに含意されているこうした状態を創造する指導階級の力量と、その行使による同意組織化の機能をも表す包括的な概念として理解しうるであろう。これは当然、政治的であり、グラムシは、「知的政治的ヘゲモニー」とか「倫理－政治的ヘゲモニー〔egemonia etico-politica〕」などと表現することが多いが、「倫理的」とは、次の意味である。すなわち、「同意はどんな仕方であるにせよ『自発的』に与えられるものだから……道徳的ないし倫理的な性格のものである」（Q13§37C、p.1636. 合Ⅰ 215）、ということである。

同意は、他の諸階級の利害に対して譲歩・妥協し、利害調整を図りながら、自己の当面の一時的・

部分的利害を犠牲にすることによって獲得しうる。これをグラムシは、一階級が自己の「**経済的―同業組合的段階**」(の利害)を超克するといい、その超克をなしえなければ一階級は自己のヘゲモニーを創造しえず、ヘゲモニーをふるう階級、すなわちヘゲモニー階級になりえない。したがってまた自己の根本的利害を達成しえない、と力説する。一階級が、「経済的―同業組合的段階」を自ら超克し、「他の従属的諸集団の利害となることができるし、そうならなくてはならないという意識に到達」した段階を、グラムシは「**ヘゲモニー段階**」とよぶ。この段階において一階級は、『普遍的』な地平で白熱化する中心となる問題をすべて提起し」て、「国民的エネルギー全体の発展の原動力として……現れることとなる」。ヘゲモニーは、こうして創造され、それによって、その階級は、「社会の全分野にわたって優位を占め、権威をもち、浸透しようと努めることになる」のである。だからグラムシは、「ヘゲモニーの概念は、そこにおいて国民的性格の諸要求が結び目をなすところの概念である」(Q14§68B、**p.1729.** 合Ⅰ 200)、という。

5 「活動的」=「教育的」関係と政治的・文化的ヘゲモニー

グラムシのヘゲモニー概念は、従属諸階級との相互性をふまえた一つの「活動的関係」である。「活動的関係」概念については、すでに前章において「歴史的ブロック」Bとしての「人間」概念の構成や「実践」概念のところでふれてきたが、これと同じ概念である。その原型を彼は、実は「教育学説と教育実践の現代的立場」にみていた。彼は次のようにいっている。

「それ〔教育学説と教育実践の現代的立場〕に従えば、教師と生徒との関係は、相互連関の活動的関係〔rapporto attivo, di relazioni reciproche〕であり、あらゆる教師は常に生徒であり、あらゆる生徒は教師である。しかし、教育学的関係は、新しい世代が古い世代と接触し、その経験と歴史的に必然的な価値とを吸収して、自分自身の人格を歴史的文化的に高次なものに『成熟させ』発展させるところの、とくに『学校的』な関係に限定されえない。この関係は、社会全総体のなかに存在し、他の諸個人に対するあらゆる個人に存在するし、知識人層と非知識人層とのあいだ、統治者と被統治者とのあいだ、エリートと追随者とのあいだ、指導者と被指導者とのあいだ、前衛と本隊とのあいだに存在している。あらゆる『ヘゲモニー』の関係は、必然的に教育学的関係であり、一つの民族のなかにおいて、それを構成する多様な勢力のあいだにおいて生ずるばかりでなく、国際的世界的な領域のなかにおいても、諸国民文明および諸大陸文明の総体のあいだにも生ずるのである」(Q10Ⅱ§44B、p.1331. 合Ⅰ 270-271)。

このように、ヘゲモニーは、一つの「教育学的」＝「活動的」関係である。したがってヘゲモニー概念自体に、人間形成ないし再形成の機能、つまり人間を変える機能が伏在している。社会組織化の機能自体に伏在するといってもよい。これまで述べてきたヘゲモニーは、実は主として**政治的ヘゲモニー**であるが、この「教育的」機能をより顕在的に働かせるのが**文化的ヘゲモニー**である。文化的ヘゲモニーは、「知的道徳的ヘゲモニー」ともいわれるが、指導階級が、その知的文化的優位性から生ずる文化的な吸引力・影響力により世界観・価値観・行為規範・行動スタイル等々を刷新し、新しい「共通言語」を創造・普及させながら諸階級に分裂した社会の知的道徳的一体性・文化的アイデンティティを自己の発展路線にそって形成する文化的組織化機能であり、したがってまた「知的道徳的指導」が機能している状態をさす。

それは、政治的ヘゲモニーによる指導階級の支配のイデオロギー的正当化と「同意」の獲得を容易にする地盤を創造するだけでなく、「同意」の継続性と自発性・活動性を強化し、同意者自身の周囲に対する同調行動によって指導階級のヘゲモニーが「下から」の「協力」に支えられ、その社会的作用範囲が拡大するというヘゲモニー一般のもつ特性を増幅させる効果をもっている。グラムシは、社会全体の「知的道徳的秩序」(A・コント)ないし「社会統合」の形成という社会学的問題を、階級論の立場から、指導階級が自己の知識人層を介しつつ、自己の政治的・文化的ヘゲモニーの創造を通じて「下から」も生みだしていく過程としてとらえた。

6　上部構造の「二階梯」と「構造」

自己が創造した知識人層を媒介にして一つの社会集団として歴史に登場した一つの基本的な経済的階級は、以上のように、自己の「経済的-同業組合的段階」の超克をへて、ヘゲモニーを創造することによって、国家となり、歴史となることができるとグラムシは考えている。だが同時に、この発展過程じたい、最初の段階を超えてますます有能かつ適格な各種の「有機的知識人」層を大量に創造し、社会のあらゆる分野にわたって適切に配置するのに成功しえて可能になるにすぎないと考えられている。それは、各種知識人層が担う社会組織化機能の社会的編成としての、この階級自身の「上部構造」を構築・発展させることを意味する。この上部構造は、次のように描かれる。

「知識人と生産世界との関係は、基本的社会諸集団の場合に生ずるような直接的なものではなくて、社会的編成〔tessuto sociale〕全体によって、まさに知識人をその『職員〔funzionari＝機能者〕』とする上部諸構造の総体によって、さまざまに『媒介』されているのである。さまざまな知識人層の『有機性』すなわち、これらの層と基本的社会諸集団との多少とも緊密な関連は、下から上への（構造の基底から上に向かっての）諸機能と上部諸構造との段階づけとを確定することによって、測定することができるであろう。さしあたり、上部諸構造の二つの大きな『階梯〔piani〕』を確定することができる。一つは、『市民社会』とよばれることのある階梯、すなわち俗に『私的〔privati〕』なものといわれる諸々の組織体〔organismi〕の総体の階梯であり、他の一つは、『政治社会すなわち国家』の階梯であるが、それらは、支配集団が全社会において行使する『ヘゲモニー』の機能と、国家や『法』治に表される『直接的支配』ないし指令〔comando〕の機能とに対応しているのだ。これらの機能は、まさに組織し結合する機能である。知識人たちは、社会的ヘゲモニーと政治的統治との下位的諸機能、すなわち、(1)支配的な基本的集団によって社会生活に押しつけられる指導に対して住民大衆が与える『自発的』同意、支配集団が生産世界におけるその地位と機能とによって手に入れる威信（したがって信頼）から『歴史的に』生まれてくる同意と、(2)能動的にも受動的にも『同意し』ない諸集団への処罰を『合法的に』保証するものでありながら、なおも、自発的同意が失われる指令と指導との危機の瞬間を予想して全社会に対して築きあげられるところの国家的強制の装置、との下位的諸機能を行使するための支配集団の『手代』である」(Q12§1C、**pp.1518-19.** 合Ⅲ 88-89)。

上部構造は、元来、構造に対応していなければならないが、この対応性は基本的階級が生産的階級であるからこそ可能になるだけでなく、必然的となる。「ヘゲモニーは倫理－政治的なものであるとはいえ、経済的でもあらざるをえず、指導集団が経済活動の決定的核心部において従事する決定的な機能にその基礎をもたざるをえない」(Q13§18C、**p.1591.** 合Ⅰ 124)からである。

ここ(歴史方法論としての「実際的基準」)では、哲学次元で、構造と上部構造(イデオロギー)との一体性として語られた歴史的ブロックAは、構造と、上記のような社会組織化機能という知識人機能の社会的編成としての「二階梯」をなす上部構造との一体性として現れる(これを「歴史的ブロック」A′とよぶことにする)。

7　「歴史的ブロック」の弁証法と「構造」への共通基盤感覚

この「歴史的ブロック」A′は、本質的にみれば、歴史となった基本的階級の具体的存在様式にほかならず、その論理構造は、前章でみた「歴史的ブロック」Bとしての「人間」概念と相似形をなすような、一つの自己包括的複合体の論理において構成されている。すなわち、それは、①一つの基本的階級が、自己が創造した各種の有機的知識人層を「上部構造」に編成することによって可能となったヘゲモニー(活動的関係)において、②広範な従属諸階級を、自己を基軸とする一つの社会的ブロック(階級同盟)に統一し、③「構造」を、そうした自己自身の生成の客観的基盤・自己自身の歴史的特質(property)の構成要素・自己の力の源泉に転じて成立する歴史的な一全体、つまり、①基本的階級とその知識人層(上部構造)・②従属諸階級・③「構造」からなる統一的な一全体として、基本的階級自身の自己包括的な複合体をなしている、ということである。ここでは、一個(個)の歴史(普遍)となった一基本的階級(特殊)が、「特殊として現存する普遍」として「個・特・普」の「概念」弁証法を構成している。これが、著者が理解する「歴史的ブロック」A′の弁証法である。

ここで①と②とからなる上記の「社会的ブロック(階級同盟)」は、『ノート』の基調テーマをなすと本書がみなす「知識人－民衆の社会的ブロック」の形成という場合の、この「社会的ブロック」と同一である。前者は、後者の階級論的な内部編成を表すものにほかならない。「知識人－民衆ブロック」は、結局「歴史的ブロック」を創造することになるとも述べてきたが、それは、知識人と民衆の結合の緊密化には、両者の間に生活総体の共通感覚の深化が重要な意味をもつからである。グラムシは、次のようにいっている。

「知識人と民衆・国民との、指導者と被指導者との——統治者と被統治者との——関係が有機的に密着したものとなり、その密着において感情−情熱が理解となり、したがって知となる（機械的にではなく、生きた仕方で）とすれば、そのときにだけ関係は代表の関係であり、統治者と被統治者、指導者と被指導者とのあいだに個人的交流がおこり、つまり、その社会的勢力が唯一のものであるほどに共通の生活〔la vità d'insieme〕が実現され、『歴史的ブロック』が創造される」（Q11§67C、p.1505-6. 合Ⅱ 69）。

この文脈での「共通の生活」という感覚が、経済生活にまで及ぶことによって「歴史的ブロック」が創造される。それは、既存の「構造」が「共通の生活」の共通基盤として民衆・被指導者・国民等にも感じられていることを含意するからである。資本主義的経済「構造」を、それを代表する支配階級（ブルジョアジー）の知識人を通じて経済的共通基盤として受容する「構造」観が労働者大衆にも及べば、この大衆はこの「構造」に順応するほかない。支配階級のヘゲモニーの犠牲となるわけである。ヘゲモニー（特殊的には文化的ヘゲモニー）は、構造の発展の必要性に合致した型の文化の創造・普及・更新・一般化をつねにめざすが、そこには、その型への人間の形成、その型の「**社会的順応主義**〔conformismo sociale〕」の創造・普及・更新・一般化をめざすことが含まれており、ヘゲモニー階級が自己の主体的な力をそこから汲み取っている「構造」に対し、社会的共通基盤に対するかのようなある種の肯定的な態度と感覚を社会一般に育成することが含まれている。

したがって、グラムシの「歴史的ブロック」概念は、このように、たんなる構造と上部構造とをあわせた総称ではなく、指導階級の自己包括的複合体として構造と上部構造との弁証法の論理によって構成されており、客観的である「構造」を指導階級が自己の「イデオロギーの地盤」を通じて自己の主体的力に転じ、その「構造」に対する指導階級の意識・感覚と同質的な意識・感覚を従属諸階級のあいだにも普及するヘゲモニーを介して成立する構造と上部構造との歴史的・現実的な一体性を表す概念なのである。そこに貫く弁証法は、「客観的なものの主体（主観）的なものへの移行」の弁証法にほかならない。それが最も直截かつ明確に妥当するのは、次のように、従属階級が、既存の構造の変革をめざして新しい歴史的ブロックの自律的形成に向かう過程をとらえる場合においてである。

8 「構造」の現象学的意味転換としての「カタルシス」

資本主義的経済「構造」は、マルクスが『資本論』で解明したように、個々の労働者にとっては、実は資本の「従属変数」となるべく資本の運動に自分たちを縛りつける「経済的諸関係の無言の強制」メカニズムにほかならない。しかし同時に『資本論』は、この「構造」の発展は、その内的矛盾により、新しい「構造」のための物質的諸前提（生産諸力の社会的性格の増大）を生みだし、労働者が自己を独立した一階級として形成しながら現存「構造」の変革に向かう社会革命の必然性を内在させているとも主張した。獄中のグラムシは、そもそも何が歴史的必然性なのかは、「自明ではなく、誰かこれを批判的に識別し……その主張者となる者を必要とする」ととらえており、『必然的なもの』を『自由』に変えねばならないが、このためには『客観的』な、すなわち当該集団にとって特に客観的であるような必然性を認識しなければならない」のであった（第4章2節）。したがって、グラムシは、トリノ時代（九～一〇頁）とは異なって、マルクスが主張した上記の内的矛盾による必然性を、労働者階級が「自己自身の社会的存在、自己自身の力、自己自身の課題、自分自身の生成の意識を獲得する」原理（第3章3節）である「実践の哲学」という「イデオロギーの地盤」から識別された、「当該集団（労働者階級）にとって特に客観的であるような必然性」と理解した。

ここで重要なグラムシの論点は、この「イデオロギーの地盤」を通じて労働者が、既存の「構造」のなかにこのような内的矛盾と必然性を見出したとき、労働者にとっての「構造」の意味・存在意義が一変し、「構造」は、「無言の強制」メカニズムから、自己解放と新社会形成の客観的前提として現れ、そこにまさしく「自己自身の社会的存在、自己自身の力、自己自身の課題、自己自身の生成」を見出すことにより、自己意識が劇的に変化する、つまり、「実在的土台」（マルクス）の「客観性」との一体性を「確信」した批判的「自己意識」を初めて獲得する、ということである。この意識における転換過程をグラムシは「カタルシス」（劇的浄化）といいうると述べ、次のように把握する。

「たんなる経済的（すなわち利己的－情念的）契機から倫理－政治的契機への移行、すなわち、人間の意識における構造の上部構造への超克的練成を表示するには、『カタルシス』という用語を使用することができる。このことはまた、『客観的なものの主観的（主体的）なものへ』の、『必然性の自由へ』の移行をも意味している。構造は人間を圧迫し、自己に同化し、受動的にさせる外部の力から、自由の手段に、新しい倫理－政治的形態を創造するための用具に、新しいイニシアティブの源泉に転化する」（Q10Ⅱ§6Ｂ、p.1244. 合Ⅰ290）。

この問題把握には、行為者の意識作用によって意味的に構成された世界としての「生活世界」というフッサールの現象学に通ずる問題局面が取り込まれている。この問題局面は、構造－上部構造関係の弁証法に取り込まれることにより、「イデオロギーの地盤」（上部構造）を通じた主体の具体的・現実的な主体化過程における「構造」の意味転換として歴史主義的な仕方で具体化されている。したがって、この意味転換は、確かに「現象学的」意味転換といいうるが、客観的な「実在性」に関する「エポケー」（判断中止。フッサール）を意味しない。歴史的な一定の社会集団と個人における、「実在的土台」（マルクス）としての「構造」という「客観性」の「主体性（主観性）」への弁証法的移行として、集団的・個人的な認識主体＝実践主体自体の原理的な変化・発展の過程に位置づけられている。そのうえで、このような問題把握じたいが、「実践の哲学」という一つのイデオロギーを表していることを公然と表明する自己言及性をもつことについては、既述の「実践の哲学」の自己言及性（第3

章）と、「客観性」に関するグラムシの見地を想起されたい。

9　現実の歴史と知識人の諸類型

ともあれ、こうして同じ構造のうえに、この構造を発展させようとする支配的な歴史的ブロックの展開と、このブロックを支える「同意」を支配階級に与えている従属諸階級が「同意」を撤回するように働きかけ、同じ構造から自己特有の「カタルシス」の過程を拡大しながら新しい歴史的ブロックを形成しようとする各々二つの基本的階級のヘゲモニー間の闘争が存在することになる。このことは、「歴史的ブロック」概念は、一時期の社会全体の歴史的諸関係のすべてを包括する概念ではないことを意味する。グラムシは、「具体的な歴史的ブロックの必然的形態としてのヘゲモニーと同意の契機」（Q10 I §12 B、**p.1235.** 合Ⅳ 356）といっており、そこに暗示されているように、「構造」が矛盾を孕んだ階級構造である限り、「同意」を拒否し抵抗する勢力が、必然的につねに存在するからである。したがって、実際の現実の歴史は、このように二つの歴史的ブロック形成過程間の闘争として把握されなければならない、というのがグラムシの観点である。

知識人に関しても、これまで扱ってきた知識人は、すべて「有機的知識人」であったが、実際の現実においては、これと異なる型の知識人が多数存在しており、グラムシは、その基本型として「伝

統的知識人」を考えていたことは、本章2節で述べた。

「伝統的知識人」とは、「各々の『本質的』な社会集団は、先行の経済構造からその（この構造の）発展の表現として歴史に登場したとき……それ以前から存在している知識人の諸部類、むしろ社会的政治的諸形態の最も複雑な、最も根本的な変化によってさえも中断されることのない歴史的連続性を代表するものとして現れていた知識人を見出した」（Q12§1C、p.1514. 合Ⅲ81）という言及に示される部類の知識人である。つまり、「『団体精神』によって、自分たちが中断されることのない歴史的連続性を代表しているのだと感じ、自分たちに『資格』があるのだと感ずるので、自己自身を支配階級から独立な、自律的なものと位置づけている」型の知識人である。その典型として、グラムシは、「学校、教育、道徳、司法、救援等々とともに宗教的イデオロギー」を、つまり「時代の哲学と科学とを長い間独占してきた」聖職者を挙げる。この部類の「大部分は農民出身」であり、彼らもかつては、「土地貴族と有機的に結びついた知識人部類」として「有機的知識人」であった。聖職者による「上部諸構造の独占」から法服貴族、行政官のある層、科学者、理論家、非聖職者的哲学者等々が形成された、とグラムシは指摘する。

「伝統的知識人」の重要性をグラムシは、彼らが「歴史的連続性」を代表していると感じ、支配階級から独立していると自己を位置づけている結果、「イデオロギーと政治の分野に……非常に広範な影響を及ぼす」点に求めている。それゆえ「支配に向かうどんな階級」にとっても、この部類の

「同化と『イデオロギー的』獲得とのための闘争」が重要となるが、その速度と効果は、当の階級が、「同時に自己の有機的知識人を練成する」程度に左右される。「国家」は「支配的集団の有機的知識人と伝統的知識人との間の接合をとりもつ機能」をはたすが、その機能を「市民社会においてはたす」のが、「政党」であり、その機能は元来、各階級の有機的知識人の集団としての政党の付随機能だとグラムシはいう。

グラムシは、以上のように、基本的階級との関係において「有機的知識人」と「伝統的知識人」との範疇的区分を立てたが、さらに地域的側面から、「**都市型知識人**」と「**農村型知識人**」という区分を立てて、その諸特徴も仔細に考察した。それについては割愛するが、その内容は、逮捕される直前に書いた未完の原稿「南部問題」で考察された知識人問題の理論的な整理と深化・新展開として理解されるであろう。

知識人については、その知的独創性や影響力の程度から、傑出した「**大知識人**」(たとえば、クローチェ)を頂点とする機能的な等級構造が考えられている。グラムシは、各級の知識人の「大衆」を、政治的な「同意」と文化の組織化機能としてのヘゲモニーの観点から、より一般大衆に近接していて彼らを社会諸組織の底辺で指導階級に結びつけ、民衆の気風・慣習・思考と行動の様式等々と調合しながら新しい文化の普及、哲学の「社会化」にはたすその役割を重視する。だが他面、イデオロギー批判においては、当該イデオロギーの代表者を標的にすべきだ、ということになる。

こうした知識人概念の類型的諸区分を通じて、歴史分析の理論枠組は、現実の歴史により近づいていく。歴史的ブロックA′は、都市と農村の差異・対立や歴史伝統をも反映する諸類型の各種知識人層の接合や「同化」を通じて多様な諸要素を包摂しながら、不断に「同意」を拡大しながら「社会的ブロック」に編成された諸階級の利害の「不安定な均衡をたえず形成し、克服する」指導階級のヘゲモニーの展開過程としてとらえられるだけでない。結局は、こうしたイメージでとらえられた、対立する二つの基本的階級による二つの歴史的ブロック形成過程間の闘争過程として把握されることになる。この闘争過程は、対立する二つのヘゲモニーの作用が交錯する狭間で、大衆のあいだに相互に対立する異質なイデオロギー的世界観的諸要素の無批判的受容を生みだし、その結果として彼らの政治的な不動状態・受動性を随所に発生させることも、グラムシは視野に入れている。大衆社会状況において顕在化する「政治的無関心層」や「無党派層」の考察に不可欠の視点であろう。

10 「受動的革命」を超える「新しい型の知識人」の形成

グラムシが同時代の特徴把握にかかわって最も重視したのは、「**受動的革命**」の問題である。これは、もともとは、フランス革命の国際的影響の「受動的側面」として一九世紀のヨーロッパ各国にみられた「革命－復古」を通じた「上から」の「近代化」現象をさしたが、一般に、伝統的指導階級が、画時代的な国際的先進的諸傾向の出現に対して、民衆による能動的変革を回避するため、民衆の参加を排除しながら、自らを変身させて諸改革を推進し、自己の指導的地位を保持し続けようとする（「革命」し「復古」する）一連の運動を意味する概念に拡大された。

グラムシは、「イタリア知識人史」研究の大テーマのなかで、一九世紀のリソルジメント（近代的統一国民国家形成運動）をこの概念を適用して分析したが（日本の「明治維新」研究にも適用可能であろう）、彼は、一九一七年以降の同時代の分析にも適用し、危機に瀕した自由主義国家に取ってかわったファシズム国家の出現を、ロシア革命の衝撃の「受動的側面」として、つまり、新たな受動的革命の試みとしてとらえながら分析していった（この分析は第8章でとりあげる）。

グラムシの歴史分析の理論枠組は、こうした同時代分析とも併行して探求された。その探求の集約点は、結局のところ、現代における新しい知識人－民衆ブロックの形成の鍵をなす、労働者階級の「有機的知識人」層の量的拡大と質的刷新・練成にあるが、そのうちには労働者自身を知識人に形成する問題が含まれている。

彼は、一般に「現代の世界における」「新しい型の知識人の基礎」を「工業労働――最も初歩的ないし無資格なものであっても――と密接に結びついている技術教育」に求めた。そのうえで、労働者を知識人に形成する問題を、トリノ時代のON誌の活動を想起しながら、構造から上部構造へという発想にそって、「技術－労働から技術－科学へ、そして人間主義的〔umanistica〕な歴史観に達する」

という在り方で探求していった。彼においては、「この歴史観がなければ、彼は『専門家』にとどまり、『指導者』(専門家プラス政治家)になりえない」(Q12§3C、p.1551. 合Ⅲ86)。たんなる「スペシャリスト=専門家」でも、あるいはまた、かつてのルネサンス的な「万能人」でもない、この「専門家プラス政治家」という知識人像こそ、「人間主義〔umanesimo＝ヒューマニズム〕と闘う」フォード主義という「新しい工業主義」(第8章参照)が出現した歴史段階以降の、この工業主義(フォード主義)を超克しうるグラムシ的な人間形成の目標像にほかならない。

こうして彼は、イタリアにおける古典的な人文的・人間形成的教育と、他方で要請が増大しつつある職業教育との現代的な総合化の展開を軸にした学校教育の改革と、大学－アカデミズム－労働・生活文化を結ぶ新しい体系構築の探求に向かい、都市型知識人における各種専門学校教師の急速な増大が提起する問題も考察する。また、世界各国・各地域(伊、仏、英、独、露、米、中南米地域、インド・中国・日本、等)の知識人層の歴史的諸特徴の網羅的考察をもって、比較社会・文化分析の準備もするが、これらはすべて本書では割愛せざるをえない。

第6章　拡大された国家概念

——政治社会と市民社会

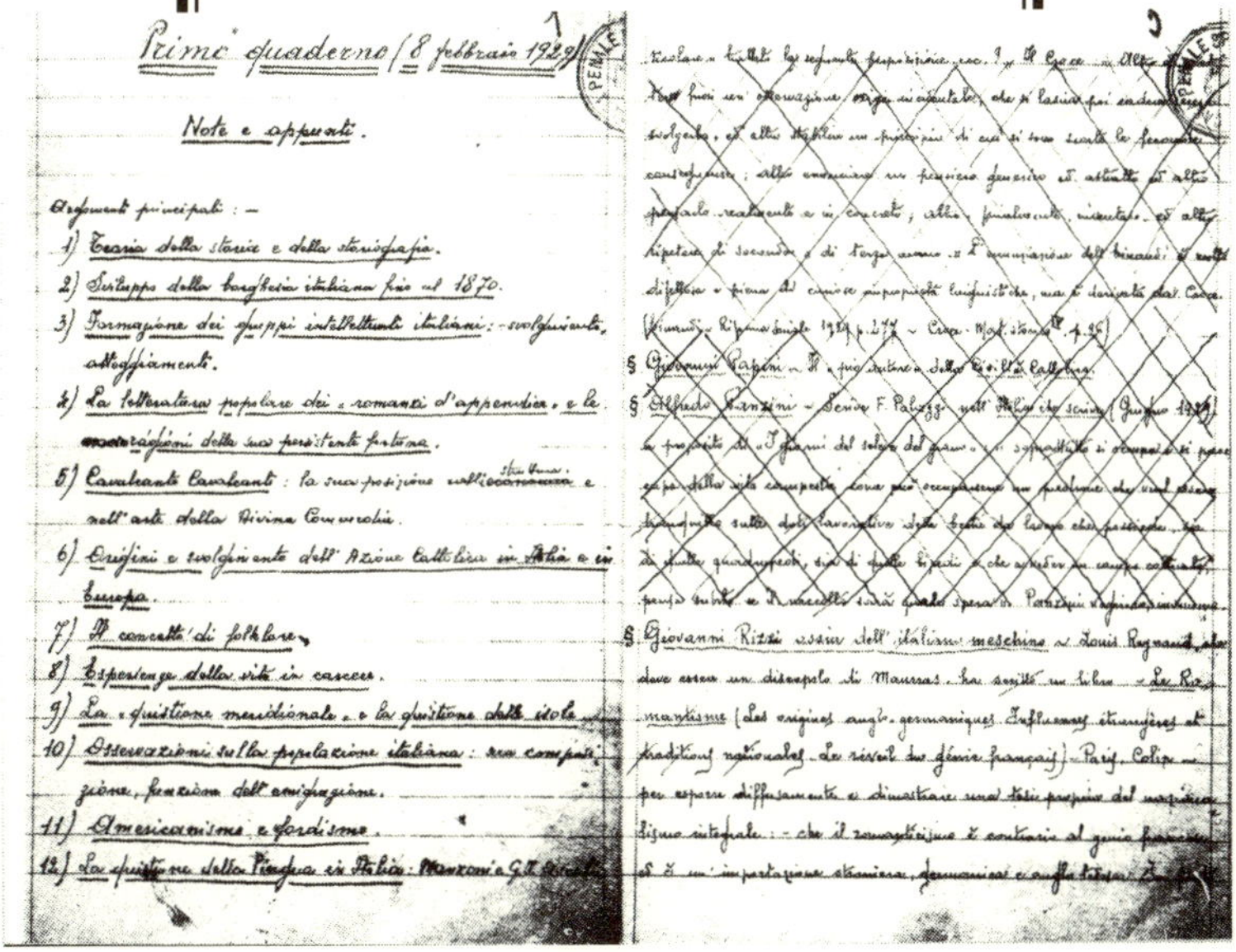
Primo quaderno (8 febbraio 1929)

Note e appunti.

Argomenti principali: –

1) Teoria della storia e della storiografia.
2) Sviluppo della borghesia italiana fino al 1870.
3) Formazione dei gruppi intellettuali italiani: – svolgimento, atteggiamenti.
4) La letteratura popolare dei « romanzi d'appendice » e le ragioni della sua persistente fortuna.
5) Cavalcante Cavalcanti: la sua posizione nella struttura e nell'arte della Divina Commedia.
6) Origini e svolgimento dell'Azione Cattolica in Italia e in Europa.
7) Il concetto di folklore.
8) Esperienze della vita in carcere.
9) La « quistione meridionale » e la quistione delle isole.
10) Osservazioni sulla popolazione italiana: sua composizione, funzione dell'emigrazione.
11) Americanismo e fordismo.
12) La quistione della lingua in Italia: Manzoni e G. I. Ascoli.

『ノート』記述のようす

左　Q1の冒頭頁　Q1プランを記述。右　ノートの一部　斜線による抹消部分はＡ稿、下方はＢ稿

ウニタ紙編集部編『君はグラムシを知ってるか？』坂井信義・大久保昭男訳、リベルタ出版、1987年、pp. 74–75より

1 「国家となった階級」の「現出二形態」

国家論は、グラムシにおいて独立のテーマをなしており、彼の「自律的な科学としての政治学」の中心問題をなす。この彼の「政治学」は、「社会学」の問題諸領域に及び、むしろそれを包含しうるように拡大されている。これは、彼の「国家〔stato〕」概念自体が著しく拡大されていることにかかわっている。彼は、「政治科学が国家に関する科学を意味し、また国家とは、指導階級がそれにより①自己の支配を正当化し維持するのみならず、②被統治者から活動的同意を獲得するのに成功しもするところの実践的理論的諸活動の全総体であるとすれば、社会学の本質的諸問題が政治科学の問題にほかならないことは、明らかである」(Q15§10B、**p.1765.** 合Ⅳ **16.** ①②は引用者)、という。

国家の指導階級は、「国家となった(なっている)階級」にほかならないが、上の言及は、「国家となった階級」の、国家としての固有の上記①②といった「実践的理論的諸活動の全総体」、換言すれば、そのような自己の集団的活動体系の総体が「国家」であるといっているのであり、それをいうこの言及は、「国家となった階級」という彼の国家概念の本質規定とみられるものをよく表している。つまり、国家とは、「国家となった階級」が、このような①②の諸活動の不断の体系的展開を通じて(それが成功的、つまり「活動的同意」を獲得しえている限り)、自己自身をその活動的主体として、すなわち「国家」として、不断に生成、発展させる過程であるという、自己活動を通じた集団的活動主体自身の現実的自己生成という弁証法にもとづく国家の本質把握にほかならない。

グラムシ国家論の第二の顕著な特徴は、この本質論から「現出形態」論へと進み、「一定の諸時期の言語と文化において国家が現れる二つの形態、すなわち**市民社会**〔società civile〕と**政治社会**〔società politica〕として、『**自己統治**〔autogoverno〕』と『**官吏統治**〔governo dei funzionari＝その官吏での統治〕』として現れる形態を考慮に入れなければ正確とならないであろう」（Q８§130Ｂ、p.1020. ゴシックは引用者）というきわめて独創的な提起が示すように、「国家」（国家となった階級）の「現出二形態」という性格規定において「市民社会」（自己統治）と「政治社会」（官吏統治）とが位置づけられることである。

「国家」の「現出二形態」というこの発想は、前章３節でみた「一社会集団の覇権〔広義の「支配」〕は、「支配」と「知的道徳的指導」との「二つの様式で現れる」（現出二様式）という命題と重なっている。そして、この「二つの様式」は、前述引用句における①と②につながっている。前章６節で「上部構造の二つの大きな階梯」として「市民社会」と「政治社会すなわち国家」の二区分を述べたが、この二契機がここでの国家論では、国家の二つの現出形態としてとらえられる。こうして「国家」概念は、「**国家イコール政治社会プラス市民社会、すなわち強制の鎧を着たヘゲモニー**」（Q６§88Ｂ、pp.763-4. 合Ｉ 207）という有名な命題に端的に表されるように著しく拡大されることになる（ただし、「政治社会」のみをさす狭義の「国家」という語も相変わらず用い続けられはする）。

ここで階級社会における組織化機能を表す範疇としてグラムシが用いる諸概念を、強制と同意の両系列に整理しておこう。

〔強制－強力――支配――権力・（階級的な集団の）独裁――政治社会
〔同意－説得――指導――ヘゲモニー――市民社会

2 「国家の経済的－同業組合的段階」から「統合国家」へ

国家概念の拡大に関しては、タティアーナ宛の一九三一年九月七日付の手紙の一節に次のようにグラムシは書いている。少々長いが重要なので引用しよう。

「国家はふつう、政治社会（あるいは独裁〔dittatura〕、または所与の時代の生産の型と経済にしたがって人民大衆を順応させるための強制装置）として理解されていて、政治社会と市民社会（すなわち、教会、組合、学校、等々のような、いわゆる私的な諸組織を通じて行使されるところの、国民社会全体に対する一社会集団のヘゲモニー）との均衡としては理解されていません。そしてまさに、この市民社会においてこそ、知識人は活動するのです（たとえば、ベネデット・クローチェは一種の俗界の教皇であり、たとえ時には、あれこれの政府と対立することがありうるとしても、きわめて有効な一つのヘゲモニーの道具〔strumento〕なのです）。知識人の機能に関するこのような考えによって、中世コムーネ〔都市国家〕、すなわち、自己の知識人部類を生みだすことができず、したがって、独裁に加えてヘゲモニーを行使することができなかった経済的階級の政府の崩壊の原因、あるいは、その原因の一つが、明らかになるのだと私は考えています。イタリアの知識人は国民的－民衆的〔nazionale-popolare〕性格をもたず、カトリック教会をモデルとして世界主義的〔cosmopolita〕な性格をもっていました。レオナルド〔ダ・ヴィンチ〕には、フィレンツェ要塞の設計図をヴァレンティノア公〔フランスの貴族となったイタリアの貴族・聖職者〕に売り渡すことはどうでもよいことだったでしょう。したがって、コムーネは組合主義的国家〔stato sindacalista〕ですが、この国家は、この局面を超えて、マキアヴェッリがむなしくも指摘したような統合国家〔stato integrale〕になることができませんでした。マキアヴェッリは、軍隊の編成を通じて農村に対する都市のヘゲモニーを組織しようと望んだのであり、その意味で、彼をイタリア最初のジャコバンとよぶことができるのです。……このことから結論されることは、ルネサンスは、コムーネの発展に比較して、反動的、抑圧的な運動とみなすべきだということです」。

ここには、新しい一つの基本的経済階級が、十全な意味で「国家となる」とはいかなることかが語られており、それを理解するためには、知識人・ヘゲモニー・市民社会といった諸要素が決定的に重要な意味をもつことが示唆されている。これらを十全にそなえた国家をグラムシは「**統合国家**」とよび、それ以前の国家、すなわち新しい階級が国家権力を掌握したものの、まだ自己の経済問題に集中する国家の初期段階を国家の「**経済的－同業組合的段階**」とよんだ。

グラムシは、「統合国家」の歴史的実例をフランス革命にみており、「中世の危機はフランス革命によって終りをとげたが、それは、一一世紀以来ヨーロッパの経済的原動力となってきた社会集団〔raggrupamento sociale〕が、十全で完全な社会を組織するための必要にして十分なだけの知的道徳的力量をそなえた統合『国家』として立ち現れることができたからだ」（Q 6 §10 B、pp.690. 合Ⅵ 72）、と述べる。フランス革命においては、ルネサンス期のイタリアと異なり、ブルジョアジーは、急進派の知識人集団たるジャコバン党の指導を介して史上前例のない規模で都市と農村の民衆を結集し、「人権宣言」の発布と王侯貴族や教会の財産没収にまで及ぶ徹底した土地改革の断行をともなう空前の社会革命を遂行した。グラムシは、それゆえにまたフランスには、社会－文化状況のたんに民族的・国民的でもなく、またたんに民衆的であるだけでもない全国的範囲での共通の**「国民的－民衆的状況**（situazione nazionale-popolare ＝民族的－人民的状況）」、すなわち、一つの「国民文化」をそなえた「国民国家」として、その文化的ヘゲモニーが広く全国的に行き渡っているような社会的文化的状況が生み出されえているのだともいう。

それにひきかえイタリアでは、商工業ブルジョアジーは、その旺盛な経済活動を基礎にして絢爛たるルネサンス文化を生み出し、イタリアをヨーロッパの経済的文化的中心地に押し上げはした。だが、ルネサンス文化は世界主義的な「教会の文化的機能」として、新しい階級であるブルジョアジーが自己のヘゲモニーを創造するのを妨げる「反動的」性格を有していたのであり、それにもかかわらず、ブルジョアジーは、それを克服すべく自階級の全国的（nationale）な連携に向かう闘争をなしえず、相互間の同盟と戦争とが転変する各コムーネ（都市国家）の内部における「独裁」にとどまり、「組合主義国家」（国家の経済的－同業組合的段階の一形態）を超ええなかった。この全般的状況を打破すべくマキアヴェッリが、当時（一六世紀）唯一可能であった絶対王政という形態で統一国民国家の創建を提唱し、またこのために広範な民衆との一体化をめざす「君主」のあり方を現実主義的に導き出したが（『君主論』）、結局「早咲きのジャコバン主義」として空しく終わり、その後イタリアは長期の停滞に落ち込み、外国に蹂躙されていく。

一九世紀にようやく統一国民国家創建の運動（リソルジメント）が起こるが、前章でふれたようにそれは「受動的革命」型の変革であり、土地改革を欠いて成立した国民国家（一八七一年、イタリア王国成立）はきわめて不完全な近代国家であった（経済的－同業組合的段階）。以降の跛行的な近代化は、イタリア社会の不均衡を激化させ、新たに「南部問題」を生み出していく。これが、第一次大戦後、革命的危機に際会したブルジョアジーが、ファシズムに権力を委ねた歴史的背景になる。

3　グラムシ「国家」概念の性格とネップ期のレーニン

グラムシ固有の国家概念、つまり彼の拡大された（広義の）国家概念は、およそ以上のようなイタリア近代史認識を背後にしており、その後進性を超克する「統合国家」のイメージで構成されている。したがってそれは、それ自体としては多様な現実の諸国家を分析・研究するための、解釈・評価規準としての「方法論的規準」（実際的基準）であるが、同時に、国家形成をめざす限りでの実践的な規範・

目標像としての意味をも内蔵している。だからそれは、実証主義的な概念、すなわち多様な発展段階の各種形態で存在する現実の諸国家に共通する諸要素を抽象して一般化・定式化された実証主義的な概念とは性質が異なっている。歴史の経験にもとづきながらも、国家－階級の弁証法的発展の完成段階として表象された国家像の概念化なのである。

この国家概念は、実はイタリア史だけでなく、理論面での在来マルクス主義(実践の哲学)の「国家」概念の未完成というグラムシの認識を背後に据えており、その理論的超克と「完成」化という企図にもよっている。

前出のタティアーナ宛の手紙にあった「所与の時代の生産の型と経済にしたがって人民大衆を順応させるための強制装置」というのは、在来「実践の哲学」(マルクス主義)の「国家」概念をさす。グラムシは、この「強力国家」観が経済主義的歴史観と結びついていることを見抜いており、経済主義と闘ったレーニンが、革命後、ネップへの転換をめぐる論争(「労働組合」論争)のなかで「説得を強制の基盤にすること」を力説しながら、「プロレタリアートの独裁の体系」という表現で、それを主要には、国家(強制の分野)―党(指導機能)―労働組合(国民的な「結びつき」をつくり出しながら、自己を教育・訓練する労働者大衆の組織)の組みあわせとしてとらえ、自らの強力国家観(『国家と革命』)をも乗り越えていたことに光を当てて、次のようにいう。「実践の哲学の現代最大の理論家(レーニン)は、クローチェと時を同じくして、『経済主義』の多様な諸傾向に反対し、文化闘争の戦線を再評価し、国家―強力の理論の完成および一八四八年型の『永続革命』理論の現代的形態としてヘゲモニーの理論を構築した」(Q10 I§12B、p.1235. 合Ⅳ356)。これは、スターリンによって流布され国際的に一般化されていく「レーニン主義」的レーニン像に対する根底からの独創的批判である。ネップ期のレーニンは、マルクスとエンゲルスが主張していた「国家、すなわち支配階級として組織されたプロレタリアート」(『共産党宣言』)をいかにして実現するかと苦闘していた。このことをグラムシは、当時のモスクワ滞在中にじかに理解したのであった。

グラムシの国家概念は、このレーニンによる「完成」と「構築」の核心を理論的に把握し、「西欧語」で体系的に練り上げるという問題意識に貫かれている。「西欧語」で、とは、たとえば「市民社会」などという語は、ロシアにない(したがってレーニンにもない)「西欧語」である。グラムシの用語「市民社会」は、本章1節に引用した一節(九五頁)に記されていたように、「一定の諸時期の言語と文化において国家が現れる二つの形態」の一つを表す語として独創的に解釈しながら、その西欧語「市民社会」を独自グラムシ語に改鋳した概念にほかならない。「市民社会」という語はロシアにないということは、実態としても「市民社会」に該当する社会的現実は存在していなかったということである。しかし、「市民社会」という語を使って、それに該当する対象の有様やその特徴をとらえることが可能になる。「東方(ロシアを含む)では、国家がすべてであり、市民社会は原生的でゼラチン状であった」(Q7§16C、p.866. 合I 180)というグラムシの有名な言葉は、その好例である。レーニンは、革命後、ロシアになかったこの「市民社会」を、労働者国家の「体系」内にまずは「労働組合」として創造しようと着手し始めたところで病床に伏し他界した（一九二四年）。

グラムシを別として、マルクス主義（実践の哲学）の国家概念が、概して「市民社会」を欠いた未「完成」な強力国家概念にとどまっているという理論状況は、この国家論が展望する将来における「国家死滅」（エンゲルス）の問題を宙に浮かせてしまう。グラムシは、この問題を、「政治社会の市民社会への再吸収」としてとらえるが、それは、一階級（この場合は労働者階級）が「国家となる」とはいかなることかについての深い考察にもとづいている。以降の論述で明らかになるように、国家概念への「市民社会」概念の編入は、この考察にもとづいて「国家死滅」にまで射程が及ぶ国家論の首尾一貫した構成を可能にする礎石として発想された。

4 「私的」諸組織の総体としての市民社会

この「市民社会」は、「国家となった階級」の「現出＝形態」の一つとして、すなわち「官吏統治」形態に対する「自己統治」形態として位置づけられているのであった。この「自己統治」とは、「国家となった階級」つまり国家指導階級が、自己の「有機的一部」としての「官吏」知識人層を介して社会を「統治」（つまり直接には「官吏」が「統治」）するのではなく、自ら直接に（自己の、「官吏」を除いた有機的知識人層とともに)「私的」形態で社会「統治」の諸活動(指導諸活動)を展開することを意味する。この「自己統治」活動を展開する「俗に『私的〔privati〕』なものといわれる諸々の組織体〔organismi〕の総体」(第5章6節)が、グラムシの固有概念としての「市民社会」である。

この意味での「市民社会」という語が使われるのは、必ずしも『ノート』の最初からではない。Q1§47Bでは、「国家の『私的』な編成としての諸政党と協同諸組織〔associazioni＝諸アソシエーション〕に関するヘーゲルの学説。……被統治者の同意による、だが選挙の際に確認されるあいまいで漠としたものではない組織された同意による統治。すなわち国家は同意をそなえ、そしてそれを要求するが、さらに政治的・組合的な協同諸組織によって、この同意を『教育』もする。ところが、これらの協同諸組織は、指導階級の私的なイニシアティブに委ねられた私的な組織体〔organismi〕である」(Q、p.56. 合Ⅰ202)、とだけいわれていた。この「ヘーゲルの学説」とは、ヘーゲル『法哲学』における「市民社会〔bürgerliche Gesellschaft〕」論の独創的かつ現代的な読みからいわれていることなのであるが、ともあれ、この「指導階級の私的なイニシアティブに委ねられた私的な組織体」が、やがて「市民社会〔società civile〕」とよばれるようになる。したがって、前出の再引用句では、「俗に『私的』なものといわれる諸々の組織体〔organismi〕の総体」といわれ、あるいは本章2節に引用した一節では、「ヘゲモニー」と等置され、相互に置き換え可能なものとして「……市民社会(すなわち、教会、組合、学校、等々のような、いわゆる私的な諸組織を通じて行使されるところの、国民社会全体に対する一社会集団のヘゲモニー)」

と語られるのである（九六頁）。いずれにせよ、グラムシの「市民社会」概念は、「指導階級の私的なイニシアティブに委ねられた私的な組織体」であり、その前提にヘゲモニーの概念が据えられている。

上記の引用句には、その「私的」諸組織として「教会、組合、学校」が記されているが、それはあくまで代表例であり、「教会」には、多種多様な宗教・文化諸組織・出版―ジャーナリズム諸機関が含意され、「組合」には、労働組合だけでなく、財界団体、業者団体、農民団体、その他無数の経済的―同業組合的な諸組織の総体が包含されている。同様に「学校」は、公教育機関としての本来の「学校」・大学や各種専門学校の類のみならず、教育と研究に従事するあらゆる社会諸組織が意味されている。これらは任意団体として「私的」諸組織である。「学校」はヨーロッパでは主に国公立であるが、その教育の活動、したがって教師の活動は、グラムシが「**統治―強制装置**」とみなす「政治社会」から、つまり「国家権力」から独立してあるべきだと「一般に」みなされている限りにおいて、「市民社会」の要素に数えられる。実際、保護者（親）・生徒や学生等に「同意を『教育』する」活動は、それじたい「信頼」と「同意」にもとづかずには成立しないであろう。

グラムシが、たんに市民諸個人の集合体としてではなく、彼らが任意に結成、参加するこうした「私的」諸組織（協同諸組織＝諸アソシエーション）の総体として「市民社会」概念を構成する時代的背景には、工業化とそれによる生産の社会化（社会的関連の拡大・緊密化）との進展を基礎とする一九世紀後半以降の一連の社会変容、すなわち、労働者階級の増大、伝統的共同体の弱体化、都市化、巨大社会の出現、「大衆社会」化現象、等々の進展のなかで、特にグラムシが大規模な大衆政党および経済的諸組合の出現に注目して「組合現象」とよんだ、多様な任意団体・社会諸組織が噴出する「組織の時代」の現出がある。そうした社会諸組織の政治的帰趨が、どの政治勢力にとっても重大な関心の対象となる状況がすでに訪れていたのであり、グラムシ自身がトリノ時代以来、組織活動に明け暮れる日々を送っていたのである。

先にヘーゲルの独創的かつ現代的な読みと述べたが、この時代状況が出現する以前の人であるヘーゲルには、「市民社会」の構成要素としての社会組織としてはわずかに「職業団体」が位置づけられていたにすぎなかった。グラムシは、そこに上記の多様な自発的諸組織が噴出する状況の先取りをみてとり、この状況そのものを、前述のネップ期レーニンの主張と苦闘を想起しながら、ヘゲモニー論の視角から、それらを通じて「ヘゲモニー」が行使されるところの「市民社会」の構成と密度の高度化・増大ととらえながら、国家と市民社会との有機的関係の緊密化についての考察を通じて、広義「国家」概念に組み込んだのだ、といえよう。

5　国家概念の「言語論的転回」と近代法治国家

それにしても、この問題を語る時、これまでみてきたように、ほとんど必ず「諸組織」に「私的」という規定をつけ、しかもこの性格規定について、「いわゆる『私的』な……」とか、「俗に『私的』といわれる……」などという注釈をつけて語っていることは重要である。グラムシはまた、市民社会が成立する領域を、「法の専門家が法の関与しないところとよぶ諸圏域〔zone che i tecnici del diritto chiamano di indifferenza giuridica〕」ともいっている。

これらのことから、グラムシのいう「市民社会」は、「私的」という範疇が「共通言語」となっており、「法の関与しない」独自の領域として人々の実生活のなかに自明のごとくに確立しているような社会－文化状況を前提としている、といいうるであろう。グラムシにおいて「市民社会」は、そもそもが、既述のように「一定の諸時期の言語と文化において国家が現れる二つの形態」の一つであった。このことと上のこととは合致しており、むしろこの命題には、上のことが含まれていると解されるべきであろう。言語学の専攻生であったグラムシは、今日いわれる「言語論的転回」、すなわち、社会的現実を共通言語を介して成立しているものとして把握する仕方を、すでに遂行していたのである。

ところで、この「一定の諸時期」については言及がない。だが、「法の関与しない」「私的」領域の確立という社会―文化的状況が現れるのは、近代的法治国家の成立にともなってのことであることを考えれば、その「諸時期」ではないのかと推察される。おそらく、論理的大前提として、この法治国家の枠組とその法文化・政治文化が念頭におかれていたのであろう。

6　「順応主義への意思」・国家の「倫理的内容」としての市民社会

ともあれ、グラムシにとり、身分制を廃止して「法の前の平等」を掲げる近代法治国家は、それじたいが一つの問題である。その国家は、法を「社会全体の表現」として想定し、たえず「遵法精神」を説くことになるが、グラムシは次のようにいう。

「法は社会全体の統合的表現であると想定されているが、それは誤りである。……法は……自己の存在理由および自己の発展と結びついた行為の諸規範を社会全体に『押しつける』指導階級を表現している。法の最大の機能は、すべての市民が指導階級の成員になることができるかぎり、あらゆる者が法によって示される順応主義を自由に受け入れなければならない、ということを前提にすることにある、すなわち、現代の法のなかには一八世紀の民主主義的ユートピアが含まれているのである」（Q６§９B８、p.773. 合Ⅳ 59-60）。

このようにグラムシは、近代法治国家にとって、その遵法精神を含む全般的な「順応主義〔conformismo〕」

を、「平等」に全市民・全住民が「自由に受け入れる」ように指導・教育する諸活動が、必然的な活動になるとみる。「『法』を通じて、国家は支配集団を『等質』なものにし、指導集団の発展路線にとって有用な社会的順応主義を創出しようとするのである」(順応主義＝conformismo とは、何かに適合させて形づくる〔formare〕こと)。一定の型の「市民」・「人間」への全住民の育成 (formare) であり、一つの「国民」・「国民文化」の創造である。グラムシは、この育成・創造の意思を「**順応主義への意思**〔volontà di conformismo〕」とよび、これを歴史に持ち込んだのは、近代ブルジョア階級であり、そこにこの階級とその国家の革命性があるととらえ、次のようにいう。

「ブルジョア階級により、法の概念と、したがって国家の機能にもたらされた革命は、とりわけ順応主義への意思(したがって法と国家の倫理性)にある。以前の支配階級は、他階級から自階級への有機的移行を練り上げること、いうならば、自階級の勢力圏を『技術的』およびイデオロギー的に拡大することをめざさず、つまり閉鎖的なカーストという考え方であったという意味で、本質的に保守的であった。ブルジョア階級は、全社会を自己の文化的および経済的水準に同化させながら、これを吸収しうる不断に運動する有機体として自己自身を位置づけた。国家の全機能は変化し、国家は『教育者』となる、云々」(Q８§２B、p.937. 合Ⅰ 204)。

ここで「法と国家の倫理性」とは、第一に、この「順応主義」の一般化が生み出すのは、ある「倫理的」状態であるからである。それは、「各々の個人の諸行為や諸々の不作為とのあいだの、各々の個人の行為と社会が必然的なもの〔necesari＝必要なもの〕として定立する諸目的とのあいだの、『自発的で自由に受け入れられた』一致であり、専門的に了解された実定法の領域においては強制的であるが、『強制』が国家的でなく、世論、道徳的環境、等々によるものであるような圏域においては自発的で自由（より厳密には、倫理的）であるという一致」（Q６§84B、**p.757.** 合Ⅳ **131-**）、こうした「一致」が成立している状態にほかならない。また第二に、この「倫理的」状態を生み出す仕方としても、直接の「国家的」強制によるだけではなしえず、「同意」を介さざるをえないという点でも「倫理的」だということである。「同意はどんな仕方であるにせよ『自発的』に与えられるものだから、同意の組織化は、私的イニシアティブに委ねられ、したがって道徳的ないし倫理的なものである」（Q13§37C、**p.1636.** 合Ⅰ **215**）。「私的イニシアティブに委ねられ」た「同意の組織化」、これこそ「市民社会」の機能にほかならない。

こうしたわけでグラムシは、「市民社会」を「**国家の倫理－政治的契機**」として性格づけ、あるいは「ヘーゲルが理解しているような、本ノートでしばしば用いる意味での（すなわち、国家の倫理的内容としての、全社会への一社会集団の政治的文化的ヘゲモニーという意味での）市民社会」（Q６§24B、**p.703**）という言及にみられるように、端的に「**国家の倫理的内容**」として掴む。ところが実は、ヘーゲルにおいて「倫理的」契機は、「自由の現実態」として政治社会の側にあり、それをさして「倫理的国家」が論じられていた。グラムシは、これを逆転させて「倫理的」契機を「市民社会」の側に位置づける。

そうすることで、ヘーゲルの政治社会優越型の国家論を批判・逆転して市民社会優越型の立論を提起したマルクスの国家論にも合致することになるのである。

7 「必然性と強制」を「自由」に転ずる市民社会

「国家の倫理的内容」ということで以上に述べた一連の事柄にすでに含意されているのであるが、グラムシにおいては、支配階級にとっての生産力発展の必要性から生ずる「組織的性格の必然性」(第4章2節)と、そのための国家的「強制」とを市民諸個人にとっての「自由」に転ずる圏域として「市民社会」が設定されている。それを明確にする意味で、次の言及もみておこう(ここでの「必然性」は、前出引用句の「社会が必然的なもの〔necesari＝必要なもの〕として定立する諸目的」に重なっている)。

「新しいより高度の型の文明を創造し、『文明』ともっとも広範な人民大衆の徳性を、経済的生産装置の不断の発展の必要性〔necessità〕に順応させ、したがって新しい型のヒューマニティを肉体的にも練り上げることを常にめざしている国家の教育－形成任務。しかし、どのようにして、どの個人個人も〔ogni singolo individuo〕が集団的人間に一体化することになるのか、また、同意と協力を獲得して、必然性〔necessità〕と強制を『自由』に転ずるようにするには、どのようにして各人に教育的圧力を及ぼすのか？『法』の問題がでてくるが、その概念は、今日『法の関与しないところ』という定式下にとどまっていて、

『制裁』も拘束的な『義務』もなしに作動するが、それにもかかわらず、ある集団的圧力を及ぼして、慣習と思考様式、行動様式、道徳性、等の練成という客観的結果をおさめるところの市民社会の領域の諸活動をも含めることにして拡張されなければならない」(Q13§7C、pp.1565-66. 合Ⅰ 195)。

このように、「必然性と強制の自由への移行（転化）」の弁証法において、この移行を導く圏域として「市民社会」が立論されていることを確認しうる。この「自由」に括弧がついているのは、その「自由」は、「国家となった階級」が、まさしく「国家となった」ことで獲得した型の「自由」なのであり、そのことは、経済的次元で従属諸階級に属する他の市民諸個人にとっては、逆に、自己自身の「自由」、自己に固有の型の「自由」を獲得する自律的闘争への道が閉ざされ、支配階級のヘゲモニーの犠牲になることを意味するからである。それでもとにかく、「強制が強制であるのは、それを受け入れない人にとってのみであり、それを受け入れる人にとっては強制ではない。……神の決定について宗教者がいうのと同じことを、この強制についてもいうことができる。『望む人』にとって神の決定は決定ではなく、自由意思となる」(Q14§65、合Ⅲ 238)。だからやはり、当人が「自由」と感じ、その感覚が続く間は「自由」なのであり、それにより彼は国家を「下」から支える国家の活動的成員でありうる。

これに対して指導階級の内部に起こっていることは、「国家となる」ことによって階級として集団的に獲得した自らの自由を、その経済的統計集団に属する全個人にとっての自由に転じていく過程の進展である。そのために必要となるのが、この階級が構築する、国家の「自己統治」形態としての「市民社会」にほかならない。つまり、経済的階級としての自階級のあらゆる諸個人が、「強制の鎧」(官吏統治)に防御・後見されながら、「市民社会」における多様な「私的」諸組織を結成あるいは参加して、それぞれなりに(有機的知識人層の助力をえながら)「私的イニシアティブ」を発揮して、自階級のヘゲモニーの拡充に参加し、同意と文化の組織化・指導活動に携わる「自己統治」の経験をすることである。その経験の累積を通じて、指導階級のあらゆる個人は、自己を超克的に練成し、自階級が集団的に到達した政治的文化的水準に自己を引き上げていくことが個人的にも可能になる。それによって、この階級に属する全諸個人が「等質的」な自階級の「国家精神」つまり「公共精神」を有する集合体に一体化する。そこにおいて、「量の質への移行」が完成する。つまり、そこで初めてこの階級の集団的自由が、その階級のあらゆる成員において個人にとっての自由、すなわち「個人の自由」でもあるものとなり、この階級の集団的自由じたいが、この「階級」が「国家となった」当初には、多分に観念的・形式的であった状態を完全に脱して全面的に生きた現実・実質となり、真実となるのである。

これが、第5章3節(七四頁)でみた「諸々の指導階級の歴史的統一性は国家に生じ、……その……基本的な歴史的統一性は、その具体性からして、国家もしくは政治社会と、『市民社会』との有機的諸関係の結果である」というグラムシの言及の意味である。それゆえに、「実践の哲学」における階級国家観の「国家−強力の理論」の「完成」は、「市民社会」概念なしではありえないことになる。「政治社会」と「市民社会」とは「国家となった階級」の現出二形態である。二つの有機体があるのではなく、一つの有機体、「国家となった階級」の一つの「集団的活動体系の総体」(本章1節)なのである。だからグラムシは、「政治社会」と「市民社会」の区分は、「有機的区分」ではなく、「**方法的区分**」だというのである。

グラムシの観点では、両者の区分を「有機的区分」とみなせば、自由主義にたつことになる。「自由主義の弱点」は、「官僚制、すなわち、強制権力を行使し、ある点でカーストとなる指導要員の結晶化」(Q6§81B、**p.752.** 合I **197**)の問題を解決しえない点にある。この解決は「国家(政治社会)の市民社会への再吸収」にある、というのがグラムシの見地であった。

8　「政治社会の市民社会への再吸収」と「レゴラータ社会」

上に再引用した「指導階級の歴史的統一性」に関する言及には、最初の引用の際に示したように、次の言及が続いていた。「従属諸階級は、定義からして統一されておらず、また『国家』になりえない限り、自己を統一しえない。それゆえ、彼らの歴史は、市民社会の歴史で編まれており、市民社会の歴史の、それゆえ、国家もしくは諸国家の諸集団の歴史の、『分解された』不連続な一関数である」。従属諸階級はこの状態にあるから従属階級なのであり、指導階級の順応主義に染め上げられて、批判的自律意識としての自己意識を獲得していない。だから、指導階級によって組織された順応主義から生まれる「自由」と、自らの闘争を通じて獲得する自己自身の「自由」との区別を意識しえない、とグラムシは考えている。

グラムシのいう「**自由**」には、「**責任**」、次いで「**規律**」がともなっている。彼はいう。

「自由–規律。自由〔libertà〕の概念には、規律を生み出す責任の概念がともなうべきであって、直接に規律が、ではない。後者の場合には、自由の無理な制限として、外側からの押しつけを意味する。個人的恣意に対立する責任。唯一の自由は、集合的〔colletiva〕ないし集団〔gruppo〕の『自由』の個人的局面〔aspetto〕として、法〔legge〕の個人的表現として自らを措定する限りで、『責任ある』つまり『普遍的』な自由である」（Q6§11B、p.692）。

グラムシの時代、イタリアでもすでに北部の労働者は、支配階級との結合から決然と自己の身を引き離し批判的自律意識と自己自身の「自由」の意識を獲得し始めていた。支配階級は、もはや自由主義国家では既存の型の「順応主義」の崩壊を修復しえないことを悟りつつあった。そこでファシズムに権力を委ねたのであるが、本章6節でみた「順応主義への意思」に関する引用句（一〇七頁）では、この状況を表象しながら、次のように続けている。

「なぜ停止が生じ、純粋の強力としての国家の概念、等にもどるのか。ブルジョア階級は『飽和』している。それは拡まらないだけでなく、分解している。新しい要素を同化しないだけでなく、自己自身の一部を異化している（あるいは少なくとも、異化が同化よりも著しく多い）。社会全体を同化しうるものとして自己を立て、同時に現実にこの過程を表現しうる能力のある一階級（プロレタリアート）が、国家と法のこの概念を、その任務をはたし尽くすことによって無用のものになり、市民社会に吸収されるものとして国家と法の終焉を考えるのに十分足りうる完成に導くのである」（op.cit. 前掲）。

ここに明確であるように、グラムシにおいて将来の「国家の死滅」つまり「国家（政治社会）の市民社会への再吸収」は、プロレタリアートが主導する新しい型の（つまり、ブルジョア階級の型と異なる）順応主義、つまり今日では従属的である諸階級のあらゆる個人の「自由」の獲得と「個性」の開花との文化的精神的基盤となりうるような型の順応主義の創造と全社会への一般化を通じた、近代の全般的順応主義の「完成」、そのための新しい型の市民社会の創造と極限的な拡充なしにはなしえない、ということである。それはある意味で、近代国家の「完成」を通じた国家そのものの止揚という構想にほかならない。それを主導するのがプロレタリアートであり、この階級が「国家となる」目的は、まさにそのようにして国家自体を消滅させるためである、というのがグラムシの根本発想である。

この国家消滅をグラムシが「市民社会への再吸収」として構想するのは、「一般的な国家概念には、市民社会の概念に引き戻されるべき諸要素が入っている」とみるからである。そうした諸要素が、労働者国家の「強制の鎧」の後見のもとで、つまり**「政治社会という外殻**のもとで、十分に分節化された複合的な市民社会を建設」し拡充する過程が、新しい「行動文化〔cultura attiva〕の要素として」「新しい文明、新しい型の人間と市民を創造する運動」と一体をなして進展するにつれ、次々とそこに「引き戻される」。そして、やがて「強制の鎧」＝「外殻」は消極的なたんなる「夜警国家」のようなものとなり、ついには、この「夜警」も不必要になって、残るのは極限にまで拡充された新しい「市民社会」（国家の倫理的内容）だけになる。しかし、この唯一残った「市民社会」は、もはや定義からして「市民社会」ではない。グラムシは、そこに現れる国家なき新社会（共同生活体〔convivenza〕）・協同諸組織の複合的体系としての協同社会（アソシエーション）を「**レゴラータ社会**〔società regolata〕」とよぶ。これがグラムシの国家死滅過程とその完了とともに現れる新社会とに関する展望である。

グラムシの見地として、ここで重要なのは、「国家再吸収」過程での新しい市民社会の建設と拡充は、「レゴラータ社会」の諸要素を市民社会のなかに創造、拡充していく過程であり、しかも、その将来社会の諸要素の創造は、「革命」の前から、ブルジョア国家における市民社会の内部で、そのヘゲモニーを「下」から成立させている支配階級と市民（民衆）との「同意」の導管をたち、「私的」諸組織の政治的文化的諸機能の階級的ベクトルを転換させながら、新しいヘゲモニーの陣地にかえていく闘争、すなわち、グラムシが「**陣地戦**〔guerra di posizione〕」とよぶこの現代的な形態の闘争においてすでに始まっているのだ、ということである。彼は、この「陣地戦」と対照的な闘争形態として、国家権力中枢への正面攻撃を意味する「**機動戦**」という範疇をたて、この両範疇を、既述の強制と同意の両範疇系列とともに用いて「**政治技術**〔arte politica〕」の問題をリアルに探求していった。

9　将来社会像の諸側面

「レゴラータ社会〔società regolata〕」というグラムシの独自用語は、英訳すれば«regulated society»であるが、邦訳しがたい用語である。かつては通常「規制（された）社会」と訳されていた。ところが、これを「誤訳」として「自律的社会」という訳語〔松田博（二〇〇三）〕が提起されてから、一定していない。「ソチエタ・レゴラータ」とそのまま表記する論者も少なくない。いずれにせよ、この用語は、字義通りには「秩序だった社会」だと指摘する川上恵江（二〇〇〇）も提起するように、レーニンの『国家と革命』との関係が重要と思われる。というのは、レーニンはそこで、階級・国家・法律が消滅した将来社会について、「社会の全成員、少なくともその圧倒的多数が自分で国家を統治することを学び」、その「統制を『調整した』とき」に現れる、「人間のあらゆる共同体の簡単で基本的な規則をまもる必要」が「習慣」となっている社会として描いた（傍点は原文）。実際、興味深いことに、イタリア語で「規則」は«regola»、「調整する」は«regolare»であり、「レゴラータ〔regolata〕」とは、形容詞化された、この動詞«regolare»の過去分詞にほかならないのである。

こうしたニュアンスをもつ邦語は見当たらない。このため本書では、「レゴラータ社会」と表記するが、その概念内容の含意は多面的である。

第一の含意は、「習慣」化とは身体化を意味するが、それによって全社会に成立する統一的な文化・順応化〔conformazione〕状態においては「道徳」も不必要となり消滅する、そのような「共同生活」形態だということである。もっともそうなるためには、まずは新しい道徳・行動規範の「客観性」とその「普遍性」が人々に深く確信されねばならないが、そもそも「普遍性」を争う「ヘゲモニー」の論理から、「政治」はそこに行き着く傾向があるとグラムシはみる。すなわち、「政治は、道徳に到る過程として、つまり、政治が、次いで道徳〔morale〕が、二つとも超克される共同生活（体）〔convivenza〕の一形態に行き着く傾向のあるものとして考えられる（この歴史主義的観点からのみ、私的道徳と公的政治的道徳との対立についての多くの人々の苦悩を説明することができる。この苦悩は、現実社会の諸矛盾の、すなわち道徳的主体の平等性の欠如の、無意識的で感情的に無批判な反映である）」（Q 6 §79 B、p.750）、ということである。

第二には、「国家」が消滅すれば、「国境」が消滅するわけで、そこに成立するのが、既述（第4章5節）の「人類の統一」・人類の「統一的文化体系」にほかならない。「レゴラータ社会」は、暗黙のうちに世界的規模において可能なものとして考えられている。

第三は、もちろんそのための客観的な前提は、先の引用句でいう「道徳的主体の平等性の欠如」の克服、つまり階級分裂の消滅のみならずあらゆる協同組織間・諸個人間において問題となる限りの「経済的平等」の達成である。それは、所有関係に及ぶ「構造」の改革、「平和で連帯的な計画にしたがった分業の建設」への世界経済の改変を通じて可能となる。ただし、グラムシは、「世界的な計画にしたがった経済」に必要な客観的諸条件は、まだ「世界的規模」のみならず、「一国的地盤」でも「発展の途上」にあるにすぎない、とみており（Q8§216B、**p.1077.** 合Ⅳ **298**）、スターリン体制下ソ連邦の「五ヶ年計画」には同調していない。

第四は、こうした一連の改革の過程は、グラムシにおいては、哲学的な意味をもっており、「実践の哲学」が「歴史となる」過程にほかならず、第3章で述べたように、その完了において「実践の哲学」自体がその発展を完成させると同時に終焉を迎えることになる。「現実社会の諸矛盾」が緩和・解消されて、人間の生きる世界は、その地盤が転換し、「矛盾と必然性の地盤」から「自由の地盤」に移行するというのが、彼の哲学的展望であった。

10　「人間的本性」生成史観と階級史観の一体性

この展望からグラムシは、マルクスがFテーゼ6で喝破した「人間的本質は……現実には社会的諸関係の総体である」という命題を読みなおす。

従来、「人間の本質」（あるいは本性）は、しばしば「人間は本来○○である」という意味を込めながら、各々の個人に内在する不変のものとして考えられてきた。ところがマルクスは、人間にはそのような「本質」は存在せず、現実に存在する人間の「本質」は、矛盾に満ちた「社会的諸関係の総体」として、それ自体矛盾・対立に満ちたもの、したがって歴史的に変化するものというまったく新しい人間の本質観の地平を上の命題において切りひらいたのであった。

グラムシは、この「本質〔Wesen〕」を「本性〔natura〕」としていい表すが、ともあれ、マルクス的な新しい地平からすれば、「社会的諸関係の総体」の内的諸矛盾が克服され、階級が消滅する将来の「レゴラータ社会」においては、現実の「人間的本性〔natura umana〕」の歴史的な変化の過程の帰結・「ゴール」として、内的な矛盾・対立を克服して共同的・一体的であるような「人間的本性」が現実に生成することになる（「人間的本性」は、第4章でみた「ヒューマニティ」とは同一の概念でないことに注意）。それこそ、人間の「本来」・「本質」・「本性」として人類が希求し続けてきたものにほかならない。こうした理由からグラムシは、人間の歴史全体を、相次ぐ「社会的諸関係」総体の改変による変化を通じて、一体的な「人間的本性」が現実に生成する長期の過程として把握する（Q7§35B、合Ⅰ277-81）。これは、いうならば**「人間的本性」生成史観**にほかならない。

だがそれは、歴史的に相次ぐ「社会的諸関係」総体の変革を階級闘争と革命によるものととらえ、階級の消滅をまさに同じくその「ゴール」として展望する階級史観と別物ではなく、階級史観と相互包摂的な一体性の関係にあることは明らかであろう。この両史観の一体性が、グラムシの「絶対的歴史主義＝絶対的人間主義」の総体を貫き、「普遍性」を争い過去を乗り超えて社会大衆をより広範に統一しようとする階級的な努力を表す「ヘゲモニー」という概念の基底ともなっている。

グラムシは、「本来」の「人間的本質（本性）」という観念を、マルクスと同じく現実には存在しないものを存在するかのように考える観念だと批判するが、同時に再評価して、それは、虐げられてきた民衆の願望を表現する「**ユートピア**」として、「平等・友愛・自由」の権利請求の精神的支柱となってきたのであり、「人間の平等」を説きこの観念や「精神」を形成してきた神学（「神の子としての人間の平等」）や伝統的諸哲学が、古代世界の変革、次いで中世世界の変革、つまり時期ごとに「社会的諸関係」の変革の表現として「歴史的発展の力強い環」を据えてきたことは事実だと指摘する。

この指摘からグラムシがいわんとすることは、「人間的本性の歴史的過程が到達している」段階は、「現実の平等」の到達段階であるが、その過程を導く「精神」の発展程度も検証可能であり、それは、「『国家』と世界的政治体制」における「協同諸組織の体系」のうちに、つまり、そのなかで「感じられている」集団間・個人間の平等／不平等の程度において確認されるということである。きわめてユニークかつ独創的で、現代的な意義に満ちた問題提起であるといわねばならないであろう。

それにしても、「ゴール」・「レゴラータ社会」への到着の過程は、「幾世紀か」の長大な期間を要する過程であろう、とグラムシは考えている。それにふれた次の言及は、彼のマルクス観を示しているので、みておこう。

「〔マルクス以外の〕他の何人もけっして、一つの独創的で統合的〔integrale〕な世界観を生みだしたことはなかった。マルクスは、おそらく幾世紀かにわたる、すなわち政治社会の消滅とレゴラータ社会の出現まで持続する、一つの歴史的時代を知的に創始しているのだ。その〔新社会の〕出現のとき初めて、彼の世界観は超克されるであろう（自由の概念によって超克される必然性の概念）」（Q７§33Ｂ、p.882. 合Ⅱ 14）。

こうした遠大な展望において、グラムシは国家の消滅、「市民社会への再吸収」を構想しながら、以上にみてきた国家概念を練り上げていた。その国家概念は、最終的にはそれ自体の止揚の契機となる「市民社会」（国家の倫理－政治的契機）を自己自身に内包するという、きわめて独創的な国家の概念であった。

11　二つの「全体主義」体制――ファシズムとソ連邦

グラムシは、第一次大戦後ヨーロッパの危機を鳥瞰し、その諸国家の保守化・反動化した支配階級と他方の進歩的・革新的勢力として台頭した従属諸階級とについて、「反動的・保守的社会諸集団が次第に彼らの初めの経済的－同業組合的段階にもどっていく一方、進歩的・革新的社会諸集団もなお全く経済的－同業組合的な初期段階にとどまっている。伝統的知識人は、かつては、ある一つの社会集団に最も高度で包括的な形態を与え、したがってまた近代国家の最も広範で完全な意識を与えてもいたのだが、いまやその社会集団から離れることによって……、彼らは、国家の危機を決定的なかたちでしるし続け、承認しているのだ」（Q6§10B、pp.690-91. 合Ⅵ 71-72）とみていた。

「経済的－同業組合的段階」にある両勢力が真っ向から激突し、ヘゲモニーの危機が深刻化し、政治社会と市民社会との有機的関係が破断した。そこに市民社会の「離脱」が起こる。グラムシは、ファシズム体制の出現を、ここからとらえた。

「市民社会の政治社会からの離脱。これは、新しいヘゲモニーの問題が提起されたということ、すなわち、国家の歴史的土台〔base storica〕が移動したということだ。このとき政治社会の過激な形態が現れる。つまり、新しいものと闘うべく、強制力をもって土台を固めながら動揺を保持するか、あるいは、発展のなかで出会う諸抵抗を排すべく新しいものの表現として現れるか、などということである」（Q7§28B、p.876. 合Ⅳ 102-3）。

この「新しいものと闘う」「政治社会の過激な形態」が、ファシズム体制にほかならない。グラムシは、この体制を「**全体主義**〔totalitarismo〕」体制とよび、その政策がめざすものを、「全体主義」政党以外の「あらゆる他の諸組織を破壊すること、あるいは、その党が唯一の規制者である一体系のなかにそれらを組み入れること」（Q6§136B、p.800. 合Ⅳ 58-9）と特徴づけた。今日俗にいう「一党独裁」である。

そこでは、「市民社会」が意味を失い、あるいは「政治社会」のたんなる一面になり、「行政」が「政治」を吸収する。グラムシは、「全体主義的な与党一党しか存在しないはずの諸国において……このような党はもはや純政治的な諸機能をもたず、あるのは宣伝と警察と道徳的文化的感化との諸技術〔tecniche〕だけである。……政治問題が文化の形態に衣替えをして、政治問題としては解決不可能になる」（Q17§37B、**p.1939.** 合Ⅰ 109）と指摘する。「抽象的な『国家』概念を称揚」する「国家崇拝」が現れ、「政治的中核……への軍事型の全般的忠誠」が推奨される。その裏で「政治隠語」が生まれ、社会諸集団間の利害の調整は、「闇の議会主義」（Q14§74B、**p.1743**）で恣意的になされることになる。民衆は「大衆操作」の対象に貶《おとし》められ、政治の「技術〔arte〕」は、倫理性を問われないたんなる「**テクニック**〔tecnica〕」に矮小化される。「強制」も「同意」だと強弁される。

グラムシにおいて、これらの特徴をもつ全体主義体制＝ファシズム国家では支配階級自身のヘゲモニーは再建されえず、その倒壊は時間の問題であった。だが実は、こうした諸特徴の大部分は、新生ソ連邦にも妥当する。グラムシは、ソ連国家はまだ粗野な「経済的－同業組合的な原始主義〔primitivismo〕の段階」（Q8§185B、**p.1053.** 合Ⅰ 208）にあるとみていたが、そこに全体主義体制が出現している事態をもみてとっていた。いわゆるスターリン体制である。ただし彼は、前者の全体主義を「退歩的」、後者を「進歩的」と区別し、同列に扱わない。だがしかし、後者についてはブルジョアジーの場合と異なって「自立的国家生活に到達するに先立って、自己自身の独立の文化的・道徳的発展の長い時期を有しなかったある社会集団〔プロレタリアート〕にとって」は、その諸個人が「自己統治」形態としての「市民社会」の創造に積極的に参加する自覚を喚起するためにのみ必要でさえある一時的形態として限定的に認め、その「放任」、「理論的狂信」化、『永続』視を厳しく批判した（Q8§130B、p.1020）。

ところが、その後のソ連邦における事態の推移は、この全体主義体制が、「マルクス＝レーニン主義」にもとづく「社会主義」体制だと理論的に正当化され、「永続」化された。二〇世紀末に迎えたその結末が、われわれが知っている「ソ連－東欧体制」の崩壊である。ここで想起すべきは、本章2節に掲げたタティアーナ宛の一九三一年九月七日付の手紙に記された一節であろう。そこでグラムシは、「経済的－同業組合的段階」を超克しえず、「統合国家」になりえなかった「中世コムーネ、すなわち、自己の知識人部類を生みだすことができず、独裁に加えてヘゲモニーを行使することができなかった経済的階級の政府の崩壊の原因……」、について述べていた。ソ連邦では、「党」を中心とする大量の知識人層が自己の「本隊」（労働者階級）から遊離して、特権的なカーストに結晶化していき、自ら袋小路にはまって、衛星国をいくつかつくりはしたものの、結局は同じ結末に到ったといえよう。

第7章　歴史分析の三次元方法論

グラムシの家族（1934年、在モスクワ）

デリオ　ジュリア・シュフト　ジュリアーノ

Gramsci et Son Temps, 1979, p.103 より

1 「歴史と政治の研究と解釈の実際的諸基準」

これまで第5章では「歴史分析の理論枠組」、第6章では、国家・政治過程分析の理論枠組となる「国家」概念をみてきた。第4章では集団論の領域における分析枠組も含まれていた。それらは、「実際の歴史」「実際の現実」の個別諸事象を分析・研究する際には、方法枠組として用いられるのであるが、グラムシの分析方法論は、第3章6節で示したように、三次元、すなわち、α「哲学」、β固有の「方法論的諸規準」としての「歴史と政治の研究と解釈の実際的諸基準」、γ「歴史と政治の文献学」という三次元から構成されていた。これまでみてきた枠組は、論述の便宜から筆者がαとβとを一体化させて再構成したものであった。

そのなかのβだけを取り出して列挙しておけば、グラムシのいう「実際的諸基準」とはいかなるものかがより明確になるであろう。主なものしか列挙できないが、たとえば、第5章2節における、①「……組織化機能を営む社会層」という知識人の概念規定や、②「各々の社会集団」とのかかわりでの「有機的」知識人に関する命題、さらに同章3節の③「指導階級の統一性は国家に生ずる」という命題、および④「一社会集団の覇権」が現れる「二つの様式」という命題、そして第6章での⑤「国家」の現出形態としての「政治社会」と「市民社会」との「方法的区分」、等々がそれである。第5章10節で述べた「受動的革命」概念も一例に含まれるが、これは、行動の規範とはなりえず、限定して「他の積極的要素が支配的なかたちでは存在しない場合の解釈の規準」として適用条件がつけられる。

これらは個別諸事象の観察の集積から抽出(抽象)された実証主義的な法則・定式・図式等々といったものではない。「哲学」の翻訳・変換形態として、現実に内在する諸関係をとらえる論理としての弁証法が内奥にひそむ方法論的な性格の概念・命題であり、「受動的革命」などの一部の例外を除けば、事柄の弁証法的発展の論理的完成形態を表現している。その弁証法としては、これまでみてきたように、「量－質」・「客観－主観」・「必然－自由」の弁証法、そして、個別の具体的全体把握としての「個・特・普」の弁証法(自己包括的複合体の論理構造)等が、主なものであった。

こうした弁証法にもとづくものであるゆえに、そのままの形の「現実」が見出されることは、むしろ少ない。たとえば、リソルジメント分析においてグラムシは、そこでは今日に到るまで「政治指導が支配の一側面となっている」事実を突きとめる(Q1§44A、**p.41**)。前記④の「実際的基準」を適用することによって、このような、「支配」と「指導」が未分化なイタリア「政治」の未発展性と跛行性を、そのようなものとして明確に把握しうるのである。こうしたところに「実際的諸基準」の役割がある。

知識人の「有機的／伝統的」、「都市型／農村型」等の類型概念や、「統合国家」以前の「経済的－同業組合的段階」概念、あるいはまた「全体主義」体制の概念等も、以上のような発想のなかに位置づけて理解する必要があるであろう。

2 「実際の現実」と「力関係」分析の基準

それにしても、グラムシの歴史－政治科学が研究する対象は、「無限の多彩さ、多様さ」における「経験」＝「歴史そのもの」であり、「図式化できない」ものである。いつの時代でも「現在」は「過去の総合」であり、「恣意」と「必然」とが混在しており、偶発性に充ちている。そうした結果として、事実として存在する（存在した）きわめて具体的な「現実」を、グラムシは「**実際の現実**〔realtà effettuale〕」（あるいは、特に過去のそれを「**実際の歴史**〔storia effettuale〕」）といい表した。これが、グラムシの歴史－政治科学における分析対象である。そこでは、「弁証法」もそのまま現れることはない。というのも、彼のみるところ「〔実際の〕現実の歴史においては弁証法的過程は無数の部分的契機に細分化されるからである」（Q10 I §6 C、p.1221. 合Ⅳ 334）。

したがって、グラムシにおいて「歴史は諸階級の歴史」であり、対立しあう基本的諸階級各々の「ヘゲモニー」間の闘争、各々の「歴史的ブロック」形成過程間の闘争であるが、どちらの勢力においても事は斉一的には進展しない。大なり小なり発展の内部的不均衡を抱えるだけでなく、一勢力じたいが多様に分岐して存在することもありふれた事実であろう。こうした形の両勢力の複雑な**力**

関係の結果として、「図式化できない」起伏に充ちた社会の「地形」、無限に多彩・多様な「実際の現実」がある。また一国の社会全体の諸変化は、国際的諸関係の変化と絡みあっている。

そもそもグラムシは、「実践の哲学」の、プロレタリアートによる人類の統一という展望にたっている。それは、資本（主義）の国際的性格、したがってブルジョアジーとプロレタリアートとの国際的性格という認識にもとづいている。そこから彼は、つねに「**展望は国際的・出発点は国民的**」という観点にたち、この国際的－国民的な視点から、「実際の現実」としての一国内の複雑な状況をとらえるための「実際的基準」として、**「力関係」の分析基準**を用意した。これが、これまでみてきた各種の「実際的諸基準」をもその内部に位置づけうる包括的な「実際的基準」（分析枠組）をなすことになる。それは、三つの契機ないし段階から構成されている。その要点を示しておこう。

第一は、「精密科学つまり物理的科学の方式で測定しうるところの、人間の意思から独立の構造にかたく緊縛されている、客観的な社会的力関係」の契機・段階であり、「企業とその従業員の数、一定の都市人口をもつ都市の数」等である。つまり統計的集団の次元である。

第二は、政治的力関係の契機・段階であり、「各種の社会諸集団が到達した等質性・自己意識・組織化の程度の評価」によって、これじたいが次の三段階に区別される。

イ　「経済的－同業組合的段階」。商人どうし、工場主どうしなど、同一職業集団レベルの連帯感による「等質的統一性」、その内部での義務意識に達した段階である。

ロ　中間的段階として、その社会集団の全成員の利害の連帯性という意識に到達しているが、経済領域にとどまり、あるいは現行の基本的枠内での政治的法律的平等の権利主張にとどまっている段階である。

ハ 「構造から複雑な上部諸構造の領域への明白な移行を示す純政治的段階」、つまり「ヘゲモニー段階」である。

この「政治的力関係」については、「現実の歴史においては、これらの契機は、相互に絡みあい、横軸と縦軸といった具合に、つまり、経済的－社会的諸活動(横軸的)に応じて、そして地域に応じて(縦軸的に)、多様に組み合わさり分岐しており、これらの組み合わせのどれもみな、経済的および政治的な組織的表現によって示されうる。さらに……これらの一国家－民族の内部的諸関係に国際的諸関係が絡み合い、独自の歴史具体的な新しい各種の組み合わせが生み出される」、と指摘される。

第三は、(イ)「技術的－軍事的段階」と(ロ)「政治的－軍事的段階」とからなる「軍事的力関係」の契機・段階である(Q13§17C、**pp.1583-85.** 合Ⅰ **145-49**)。

以上の三契機であるが、「歴史の発展はつねに、第二の契機を媒介として第一の契機と第三の契機との間に振幅を描く」と把握されている(この三契機は、グラムシの歴史観の三契機、すなわち、経済・強力・倫理－政治的なものという三契機にもとづいている)。

3 「歴史と政治の文献学」の二側面

「実際の現実」は、つねに「無限の多彩さと多様さ」をもつ無数の個別事象からなっている。歴史的な上記の「実際的諸基準」は、「唯一の具体的な哲学」としての「実践の哲学」の世界観にとり「知るに値する」諸事象を識別し、同時にその意味を解釈し位置づける直感力を養う「方法論的諸規準」である。この「諸基準」の方向づけのもとで、まずは個別諸事象そのものをその各々の固有性において「確実」にとらえる方法が、γの「歴史と政治の文献学〔filologia＝言語学〕」である。

これを「文献学」というのは、おそらく最初にはバルトリ教授から言語学〔filologia〕を習得する過程で接したと思われるヴィーコの著作『新しい学』（一七四四年）における二重の歴史方法論に由来する。ヴィーコはそこで、「真なるもの」を把握する「学〔scienza〕」としての「哲学〔filolsofia〕」と、その基礎に「確実なもの」としての個別諸事象を「意識〔coscienza〕」にとらえる「文献学〔filologia〕」を据えるという二重の方法論を提起していた。グラムシの三次元方法論は、この二重構成を批判的に継承して「文献学」を歴史の実証科学的方法論として拡大しながら全面的に改鋳し（γ）、「実践の哲学」を基礎次元（α）に据えつつ、独自「実際的諸基準」（β）を設けたものである。しかし、この三次元構成の創造には、コントによる体系化以来の実証主義社会学の方法論（実証主義）を批判的に包摂する企図もかかわっている。

こうしてグラムシの「文献学」は、まず第一の側面として、個別諸事象の「確実」な「個性」的把握の方法論として、観察・比較・類比・類推、さらに比喩・隠喩といったレトリック的な認識方法をも駆使する実証的方法論を意味する。

確かに歴史事象は二度と起こらない「歴史的一回性」をもつ。だが、しばしば類似状況には類似事象が生起する。そこでグラムシは、類比・類推や比喩・隠喩の域からさらに進んで、その前提になる歴史諸事象に関する広範な知識にもとづき、実証主義の、そうした類似諸事象に共通の諸要素やその関連を経験論的に抽象して定式に一般化した「**社会学的法則**」の類をとらえなおすことになる。つまり、その類を、アリストテレスの「実践（プラクシス）の学」における経験論的な「**フロネーシス**（**賢慮**・実践知・経験知）」に遡り、これを、「マキアヴェッリの諸著作に含まれている政治的な賢慮〔prudenza politica〕に関する『普遍的』な格率〔massime〕」（Q13§4C、p.1563. 合Ⅳ 99）という発想に結びつけてとらえなおし、「必然的」ではないが、その知識が実践的活動に有益な「賢慮」となる限りで有益である**蓋然的・経験則的な「傾向的法則」**として積極的に意義づけ、その抽象的な定式・図式を「収集」する次元としても「文献学」を位置づけるのである。その位置価は、内在的諸関係をとらえる弁証法（α・βの論理－**認識論的価値**）に対する、思考の一般的諸規則としての抽象的な**形式論理学**の位置に比定され、「**道具的価値**」をもつものとして論定されている。

これがグラムシ「文献学」の第二の側面である。つまり、彼自身の言葉でいえば、「**直接的な判断規準**〔criteri〕や**批判的警句**〔cautele〕などの収集」にほかならない。そこには、大数の法則などの**統計的法則**の類も含まれる。収集されたこれらは、実際の歴史研究においては個別諸事象の固有性把握をめざす観察の「道具」として使われる。だから、そのことによって第一の側面に立ち戻りもすることになる。その「道具」には、各種があるが、「カイザリズム（シーザー主義）」や「ボナパルティズム」の定式のほか、人口構成や組織・集団の研究で援用される「定比例の法則（定比の理）」という、構成諸要素の間の一定比率を保持する必要性を表す図式が特に目立つ例として含まれる。

以上に述べた、α・β・γを図示してまとめれば、およそ**図2**のようになろう。

次章では、「アメリカニズム」分析において、この三次元方法論の運用がいかになされているのかを簡単にみてみよう。

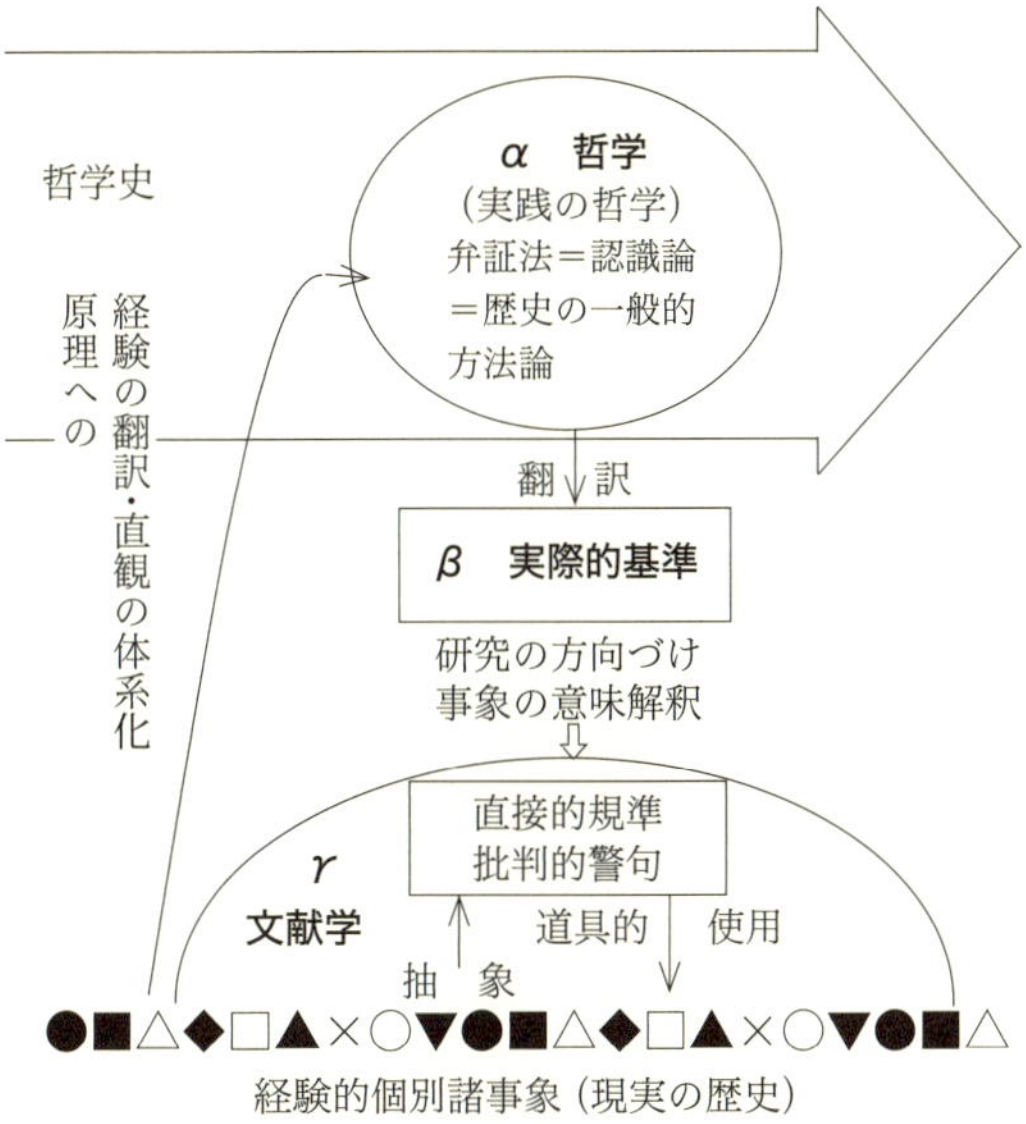

図2　歴史研究の三次元方法論

第8章 「アメリカニズム」分析の方法

スターリンとトロッキー

ソ連工業化の路線問題で対立した

Gramsci et Son Temps, 1979, p.94 より

1　α（哲学）次元と経済法則

ここで「アメリカニズム」分析というのは、Q22『アメリカニズムとフォード主義』を中心とする、この標題の諸問題に関するグラムシの分析をさす。それは、前述の国際的－国民的視点からおこなうイタリア・ファシズム国家の経済的現実の分析であるが、アメリカ合衆国との国際比較を含むがゆえに、二〇世紀世界を見通すきわめて先駆的な考察ともなっている（以下、Q22からの引用句には、覚書番号（§）のみを記す。またその邦訳は、ごく一部を除いて合Ⅲに収録されているが、覚書の配列順序が異なっているので、これまでと同様にしるす）。

グラムシはその考察に際して、Q22の冒頭§1（合Ⅲ 15）に、この諸問題をとらえる巨視的な歴史観（α次元）からする解釈視点を明記する。すなわち、

「一般的にいいうることは、アメリカニズムとフォード主義は、計画経済の組織化に到達する内在的必然性の結果として生ずるものであり、検討される多様な諸問題は、古い経済的個人主義から計画経済へのまさしくその移行を示す鎖の諸環であらねばならないということ、つまり、そうした諸問題は、その発展過程が、その展開によって遭遇する各種形態の抵抗、『事物社会』にも『人間社会』にも固有の厄介さに由来する諸抵抗から生まれるものである、ということである」。

ここで「アメリカニズム」とは、第一次大戦を通じて債権国になったアメリカに出現した新しい

文明の型、大量生産―大量消費の新工業主義文明を意味する。その経済的土台が「フォード主義」である。それは、工業化の新段階を画するものであるが、資本の新しい蓄積再生産様式(新資本主義)の出現でもある。もちろん企業家は、「計画経済への移行」という意識をもって「フォード主義」というシステムを構築したわけではない。グラムシは、この出現を、『資本論』で解明された一つの経済法則と関連させて、「利潤率の傾向的低落の法則を克服しようとする産業の側からの相次ぐ試みの過程の極点としてのフォード主義」と把握する。この「相次ぐ試み」とは、生産コスト低減の試みである。

この「フォード主義」が、「計画経済の組織化に到達する内在的必然性」から生まれた結果だというのは、グラムシは、「フォード主義」を、①合理化された「生産と労働の方式」(ベルトコンベアー・システム、大量生産体制)であるだけでなく、②「商業と金融の体制」(販売・サービス部門の自社経営と自己金融)をも自己に組み込んだ大規模で包括的な一つの合理化された複合的生産有機体としてとらえており(Q6§135B、**p.789.** 合Ⅵ **204**)、それ自体が、「見えざる手」(A・スミス)に支配・調整された「経済的個人主義」を大きく超えた「見える手」(チャンドラー)によって計画的に組織された大規模経済システムであるからであろう。グラムシは、このフォード・システムが、①②とあわせて、③「このシステムに適応した労働者を選別する手段」としても、労働の連続性を維持する必要性からも生ずる「高賃金」(さらには雇用関係への労働組合による規制を排除するオープンショップ運動)をともなって出現したことに注目するが、これについてはのちにふれることにする。

それにしても、その出現と展開の過程は、「各種形態の抵抗」に遭遇することになる。そこに解決を要する「多様な諸問題」が生ずるのであった。それに続けてグラムシは、「従属的諸勢力は……必然的に抵抗する。だが、支配的諸勢力の若干部分も、あるいは少なくとも……同盟諸勢力も抵抗することがある」（§1、合Ⅲ15）、と書いている。そこで彼は、従属的諸集団が、自己が一方の当事者となっている「多様な諸問題」のなかに、自己の抵抗の必然的根拠（構造の矛盾）とともに、「構造の矛盾」を解消する自己にとっての必然性として「計画経済への移行」の歴史「内在的必然性」を見出すことにより、たんなる抵抗者としての自己をその意識的推進主体へと超克的に設定しながら、その方向で「今日『必然性』であるものを『自由』にかえるため」、「多様な諸問題」の具体的解決として「アメリカのマークのつかない『オリジナル』な生活体系を見出さ『ねばならない』」（§15、合Ⅲ64）、と提起する。これが、前出の引用句でいう「多様な諸問題は……計画経済への……移行を示す鎖の諸環であらねばならない」の意味であり、この探求をグラムシは、従属諸階級の「有機的知識人」としての立場から自らがなす分析（Q22）において示そうとするわけである。

2 「合理的人口構成」と強制－同意の均衡

ヨーロッパ各国におけるフォード主義の導入は、資本主義の再編成を意味するが、支配階級にとりその再編成が、世界市場における競争力の回復と危機からの脱出・ヘゲモニーの再建に不可避であるにもかかわらず、他方では、ヨーロッパの「偉大な歴史文化伝統」を押したてて、「アメリカニズム」の「エコノミック・アニマル」ぶりを非難するような「知的」「道徳的」抵抗が、支配諸階級の一部からもおき、文化的・イデオロギー的混迷状況が深まっていた。グラムシは、この資本主義再編成を、「現行の富豪支配層〔ceto plutocrateco〕にかわる、工業生産に直接もとづく金融資本の新しい蓄積・分配機構への置き換え」(§1、合Ⅲ 16)として把握する。したがって、この「置き換え」によって合理化され一掃されることになる純寄生的富豪諸階級、特に半封建的地代を農民(分益小作人)から搾取し、これを株式・社債等の購入を通じて工業投資にふり向ける「剰余価値の大食漢」たる地主階級が抵抗するのも必至となる。グラムシは、そこに「多様な諸問題」の最も重要なヨーロッパ的な根因があると掴み、そうしたヨーロッパ的社会体質の特徴を、「社会」の量的基礎としての「**人口構成**」を規準にした欧米比較を通じて明らかにすべく、次のようにアメリカ社会を描きだす。

「アメリカは偉大な『歴史的文化的伝統』をもたないが、この鉛のマントの重圧に苦しむことも全くない。生活水準が民衆諸階級においてヨーロッパより高いにもかかわらず、その資本蓄積が恐ろしく巨大であることの主な(いわゆる天然資源の豊かさより確実に重要な)理由の一つは、これである。過去の歴史的諸段階からの遺物であるこの膠《にかわ》のような寄生的堆積物が存在しないことが、工業および、特に商業に健全な基礎を可能ならしめており、運輸と商業に代表される経済的機能を生産に従属する実質的な活動に縮減し、さらには、この分野を生産活動そのものに吸収する試みをやはりいっそう可能ならしめている(フォードのおこなった諸実験や、生産された商品の輸送と販売を直接経営することにより、彼の企業が達成した節約を参照せよ。この節約が、生産コストに影響し、賃金の引き上げと販売価格の引き下げを可能にしている)。歴史の推移によって、すでに合理化されたこうした予備的諸条件が存在しているゆえに、強力（縄張りからなる〔a base territoriale〕労働組合の破壊）を説得（高賃金、各種の社会的特典、巧妙なイデオロギー的政治的宣伝）とたくみに組み合わせつつ、国の全生活を生産を軸にして回転させえて、生産と労働を合理化することが比較的容易であったのである。そのヘゲモニーは工場から生まれ、その行使のためには、政治とイデオロギーの職業的媒介者は最少量しか必要でない。／ロミエがあれほど酷評している『マス』現象とは、この型の合理化された社会の形態にほかならず、そこでは、『構造』が最も直接的に上部諸構造を支配し、上部諸構造が「合理化され」（単純化され数量的に縮減され）ている」(§2、合Ⅲ 22-23)。

ここにみられるように、生産・労働の合理化は、社会の合理化を不可欠とする。その前提は、純寄生的諸階級が僅少であることであり、それをグラムシは「**合理的人口構成**」とよぶ。この前提が生産合理化にとって必要となる問題のポイントは、前述の必要性から労働者に高賃金を出して同意を獲得しうるかどうか、という点にある。アメリカのフォード型工業では、強制（強力）と同意（説得）が一定の均衡（β次元の一基準）を成立させえている。「構造」の基底における生産の組織化と、上部構造の社会組織化機能をとらえる基礎範疇である強制－同意の両契機は絡まっており、アメリカでは、直結されて「ヘゲモニーは工場から生まれ」ている、とグラムシはみる。経済的生産の装置である工場・企業が、同時に、彼の用語でいえば、国家・上部構造の「**ヘゲモニー装置**」（ヘゲモニーを生み出す一つないし若干数の社会組織）となっている。だから、「知識人」層を「職員」とする上部諸構造は簡素なままですみ、この特徴を含む上記のような型の「**合理化された社会**」が、特有の「歴史的ブロック」の型として把握されている。

これにひきかえヨーロッパでは、「過去の歴史的諸段階からの遺物である……寄生的堆積物」が大量であり、これが生産力再開発にブレーキをかける「鉛のマント」をなしている。この特徴的人口構成をグラムシは、「**ヨーロッパ的人口構成**」とよび、この合理化がヨーロッパ再建のための当面する最も重要な基本問題となるが、支配階級は、フォード主義の導入と旧い人口構成とを両立させようとしている。この自己矛盾から、労働者への残酷な強制に頼ることになり（この点は当時の日本にも妥当すると指摘されている）、この強制と同意の不均衡ゆえに破綻が見通されることになる。

グラムシは、およそこのような構図のうちに、工業－農業ブロックが支配し、同じ問題を拡大された規模で抱える自国イタリアを位置づける。そして、新生ソ連邦からの衝撃に対応する「受動的革命」の生産力的内容として、フォード主義の導入を試みるファシズム国家の統制経済と、特に国内社会経済構造を、企業家や勤労者の気風・エートスにも視線を注ぎながら分析していく。その際、大地主階級の消費の場として構成されているイタリアの都市の典型として、「南部」イタリア第一の大都市ナポリが主要かつ詳細な分析対象にとりあげられる。検討の視野は、さらに移民による労働力流出や生産活動への女性雇用の僅少による人口構成の「不健全」や、就業－失業構造、地域的階層的に異なる住民の栄養状態（過酷なフォード的労働にはとうてい耐えられない）や風土病等々に及ぶ。

3 「序言定式」の方法的二区分の発展

以上にみた分析では、社会分析の出発点に「人口構成」という量的な観察・測定がおかれていることが特徴的である。欧米両社会の比較もこれを基礎にしていた。グラムシの「人口構成」の原語は、《composizione demografica》であり、字義通りには「人口統計学的構成」である。**人口統計学**（demografia）とは、近代における経済学生誕の母胎となった学問であるが、その内容はきわめて包括的である。グラムシは、「人口（統計学的）構成」の測定を、この場合は階級構成を主内容としている限りで、当該社会の経済構造の分析への入口とする一方、住民の精神的な質、つまり前述の、気風・エートス・文化の考察や、地域的・階層的な諸個人の栄養状態を含む心身の人口資質の観察への糸口にもしている。だから、「人口構成」の測定は、社会をその量（経済）と質（文化）の両面からとらえる出発点になっているのである。この意味で、グラムシには、「**構造－量、上部構造－質**」という理解の仕方があるが、そこには、より正確な確定が「質」的側面よりも容易である「量」的側面の測定に立脚して「質」の問題を立てるという方法論的な含意が込められている。

ここで指摘しなければならないのは、量－人口構成の分析に際して実は、**「人口構成における定比例の法則」**が「道具」として用いられていたことである。この「法則」は、「どの社会体制にも人口構成におけるその定比例の法則がある」という意味でのそれであり、そこで直接問題とされるのは、「経済的社会的組織形態ではなく、現存社会体制における各種人口層間の比率の合理性」(§2、合Ⅲ22)という問題、すなわち、その比率・均衡が崩れ、適時の立法によって矯正されないならば、経済的源泉をも枯渇させ破局的結果をもたらしかねないという問題にほかならない。この「定比例の法則」を、グラムシは文献学次元(γ)の「直接的な判断規準、批判的警句」の一つとして、つまり経験則的な抽象的「傾向的法則」の一つとして道具的に使用しているのである。前述の「合理的人口構成」という概念じたいが、そのことを表している。

しかしながら、人口構成の測定は、経済構造の分析の出発点ではあるが、この構造の内的諸矛盾まではとらえられえない。構造の矛盾(歴史的な「内在的必然性」につながる)は、統計学的・自然科学的にとらえられるようなものではなく、イデオロギーと相互的な関係にあるからである。したがって、上記「定比例の法則」を用いて問題の所在の目安を立てながら、最も客観性の高い人口統計学的な構造の把握をおこない、すでにみてきたように、しかるのち、それに立脚して構造の内的諸矛盾の捕捉に進むという二段階の方法が、最良の方法ということになる。

この方法論をグラムシは、マルクスの「序言定式」における方法的な区分原則、すなわち、社会の生産諸力が既存の生産諸関係（経済構造）との矛盾を深め、その飽和点に達した変革期の分析においては、①「経済的生産諸条件における物質的な、自然科学的な正確さで確認しうる変動」と、②「人間がそこにおいてこの衝突（生産諸力と生産諸関係との衝突）を意識するようになり闘ってそれを解決する場である……イデオロギー的諸形態」とを区別しなければならないという原則から引き出している。

つまりここで、①はγ次元の「量」的測定を通じた経済構造それ自体の確定を意味する（既述の「力関係」分析の基準においては、「精密科学ないし物理的科学の方式で測定しうる……構造」といわれていた）。②は「イデオロギーの地盤」（上部構造―質）からおこなう構造の内的矛盾の把握を意味する。グラムシにおいては「実践の哲学」自体が一つの「イデオロギー」であり、この「地盤」において人間は構造の矛盾の意識を獲得するのだと正確に理解されていることは、すでに第3章で示唆した重要点である。それはまた、第5章8節の「構造の意味転換」という論点にもつながっている。それゆえに、この「哲学」が三次元方法論の基礎次元（α）をなすことにもなっているのである。だからまた、正確な意味での「科学」研究としては、内的諸矛盾を含む経済構造の総体は、その全発展過程の終了以前、「その過程自体の継続中には、仮説によるほか、しかも仮説なのだということを明言するほかには、研究も分析もなされえない」（Q6§24B、p.842. 合Ⅱ 47-8）、とグラムシは厳正に考えている。

そのうえでグラムシは、如上の「アメリカニズム」分析において、「構造の矛盾」を、生産諸力発展の「試み」と既存生産諸関係（「鉛のマント」の存在）との矛盾として把握しなおし、それを「人口構成における定比例の法則」の道具的使用を介しつつ経済的な先進社会と後進諸社会との国際比較を通じて、きわめて具体的に明るみにする方法を示したといえよう。このように把握された「構造の矛盾」は、工業的生産諸力を所有する資本の階級による「構造」内の行動が直面している矛盾であるゆえに、この経済的行動を誘導し加速化しようとする国家政策それじたいに表われる内的矛盾を分析する基礎となり、さらには「構造」における生産の組織化機能としての強制－同意の態様とヘゲモニー・上部構造とが統一的に把握されることによって、「歴史的ブロック」論がいっそう具体的に深められることになる。このような一連の方法論に、「序言定式」とその方法的二区分原則とを現代的かつより実際的なものへと発展させようとする独創的な試行をみることができるであろう。

次の節では紙数の制約から、Q22で検討されているその他の最も主要な諸問題を取り出し、それらの内容を圧縮して提示することはしておこう（ただし、ファシズム統制経済の分析は非常に興味深いが割愛する）。

4 「多様な諸問題」の主要点

アメリカ・モデルの他の側面 一九七〇年代初期に『獄中ノート』におけるQ22の重要性を最初に提起したフランコ・デ・フェリーチェが指摘したように、「フォード主義」(アメリカ・モデル)は、後進的諸社会を分析する用具の役割をはたしているともいいうるのであるが、グラムシはアメリカの現実を肯定的にのみみているのではまったくない。彼のみるところ、アメリカの国家はまだ「経済的−同業組合的段階」にあり、それは、「フランス革命の刻印を受けたヨーロッパ的な歴史段階」を欠くうえに、「国民的等質性、文化的−人種的雑居、黒人問題」が加わって人民大衆が政治的に未発展であるという階級間の力関係を表してもいるのである。おそらく労働組合の破壊を含む理由で、実はイタリアの政治体制とのあいだには「現実的類似」があるとも指摘されている(Q3§55、p.336. 合Ⅵ 176)。とはいえ、アメリカの労組は「時代錯誤的」的な職能特権の「縄張り」保持のためのものであり、その破壊には「進歩的」な一面さえあると評される(§2、合Ⅲ 24)。だが、自由な労組にかわって「(労働者間で)分断された企業別の労働者組織」に置き換えられているという、敗戦後から現在に到る日本社会の分析にとってもきわめて重要な指摘がなされていることは逸せない。

人間の合理化 生産の合理化には社会の合理化が必要であったが、グラムシは、それを生産の合理化が人間の合理化を必要とする事情と絡ませてみていた。したがって彼は、当時の禁酒法の存在をそれと関連づけるだけでなく、ヘゲモニー装置をなすフォード型工業の企業・工場の内部における、高賃金や企業内の教育・福利厚生等を手段として従業員の家族（性関係）・私生活を指導・管理し、個人としても集団としても訓練ずみの労働者を囲い込み保持しようとする労務管理網の体系的構築に注目する（これも戦前・戦後の日本社会の分析に不可欠の視点であろう）。そこから、合理化された生産体制に順応した堅実なライフスタイルと行動規範を習慣化した「新しい型の人間」が形成され、それがヘゲモニーを通じて全社会に普及されるのであるが、グラムシは、その文化の国際的普及の組織にも眼をとめ、ロータリー・クラブとＹＭＣＡをヨーロッパのフリーメーソンおよびイエズス会と対比する。だが転職率が高い事実は、高賃金では償えず、社会的諸条件の変更を必要とする新しい労働形態の過酷さを示すと指摘する。こうして労働者階級には長期常用安定層と不安定臨時雇用層との二層分化が生じ、不適応な労働者は不安定層の「地獄」に突き落とされることになる。他方、億万長者となった産業家層のとりわけ有閑女性層から美人コンテスト、映画・芸能新人募集や一時的「船上結婚」等々を通じて「売春的心理状態」の惹起・拡延や実質的売春を含む社会的受動性が広範囲に生まれており、これが勤労者層との道徳的・心理的亀裂をもたらす（§11、合Ⅲ 42-48）、と観察される。

「人間主義」と闘争する新工業主義　なお、精神労働と肉体労働とが結合されていて、労働者の人格が生産物に反映される職人型労働を解体し、単純反復作業に還元する労働の合理化につき、「まさにこの〔古い〕『人間主義』と闘争するのが、新工業主義である」、とグラムシは指摘している。この指摘は意味深い。彼は、トリノ工場評議会運動を想起しながら、「労働者大衆に受け入れられる固有の形態」での合理化とそれを基礎にした精神労働との結合の高次回復を考えている（§11）。そしてそれは、第5章10節でみた、工業労働を基礎にした「新しい型の知識人」形成論や学校改革論につながっている。

性問題 Q22では、性の問題が、もう一方の生産、すなわち人間生命じたいの生産、つまり人口再生産（生殖）の問題が、経済問題であると同時に人格形成の根幹問題としても重要視され、§3全体がこの問題に当てられる。再生産の経済的機能としては、労働力再生産と高齢者扶養の問題として社会と家族における年齢構成の均衡保持という、人口構成の別の側面における定比例の法則が援用されて、出生率が異なる都市と農村の差異の問題が検討される。そしてこの検討は、工業化による人口の不断の都市集中が、流入者に顕著な出費を求めながら、社会的－政治的構成を変動させ、たえずヘゲモニーの問題を新しい基盤の上に提起すること、そのなかで伝統的・農村的な家族・性道徳にかかわる新しい倫理と法規制の創造、特に「女性の新しい人格形成」という「倫理的－市民的問題」が重要な位置に据えられなければならないこと、などの言及につながっていく。

イデオロギー的混迷 Q22では、こうした一連の諸問題の考察を基礎にして、それらに関する当時のイタリアの多様な時評や文芸作品がその論者・作家のものとして人称的にとりあげられ、いかにそうした知識人たちが問題の核心からずれ込んだ対立・論争に終始しているかという、その混迷したイデオロギー状況を鋭く分析し、そこから「新しい生産方法の確立への知的道徳的反動が大きいほど、アメリカニズムへの皮相な称揚」が、旧い寄生的諸階級の「断片にふさわしくなるという〔文献学次元の〕判断規準〔criterio〕」（§15. 合III 64）を引きだしていく。

ファシズム統合的合理化政策論　経済政策論のなかにはグラムシにとり注目すべきものがあり、「アメリカ化のイタリア的形態への序段として協同体主義〔corporativismo＝ファシズム体制〕を支持」する元社会党員マッシモ・フォーベルの実質的な「統合的合理化」構想を特に綿密に検討し、協同体路線がなんらかの経済政策ではなくて「経済警察〔polizia economica＝経済体制の強権的保護─統制〕」の要求に発している事実と、この性格の二九年恐慌による増大の事実とを無視しているという「最大の欠陥」を批判する。だが、グラムシは、寄生層に足場をおいており新たな金利生活者をも生み出しているファシズム統制経済国家が、フォーベル的な方向の構造改革政策（「工業改革」と「農業改革」）を採用し強行する可能性を皆無とはみておらず、フォーベルの人的つながりとあわせて微妙な事態の推移を注視し続ける必要性を説く一方、「アメリカ化」は、経済的自由競争という意味での「自由主義国家」を必要とするという自らの基本観点を書きとめる（§6、合III 27-33）。

ソ連邦の工業化とスターリン／トロツキー　「アメリカニズムとフォード主義」は、「社会主義的工業化」を推進するソ連邦でも工業モデルとなっていた。グラムシは、スターリンによるトロツキーの党除名と国外追放後に開始された「五ヶ年計画」を、かつてトロツキーが主張していた強行的工業化路線の実行であることを看取しており、Q22で、トロツキーの工業化論が「ボナパルティズム」に逢着する危険性を強く指弾することで「五ヶ年計画」を暗に厳しく批判する一方、除名・追放を否認する態度を暗示するかのように、トロツキーが労働編成の問題との関連で文化・日常生活の諸問題に関心を向けていたことを評価する（§11）。

5　分析の現代性と三次元方法論

「五ヶ年計画」の開始と同じ一九二九年、アメリカ・ウォール街の信用恐慌に発する空前の世界大恐慌が始まった。グラムシは、アメリカに関しては、大恐慌のなかで「アメリカ史の経済的－同業組合的段階が危機に陥り、まさに新段階に入ろうとしている」と記すとともに、G・A・ボルジェーゼの、「アメリカ知識人は、一八世紀における百科全書派が占めた地位のごとき地位を占めているという観察は非常に鋭く、さらに発展させることができる」（Q８§89B、p.993. 合Ⅳ 205-06）と注目し、そこに二〇世紀の**ヘゲモニー国家**としてアメリカが浮上する予兆を読みとりながら、ローズベルト大統領の登場（一九三三年。この年、ドイツではヒトラー内閣が成立）あたりまでを視野に納めえたが、一九三五年半ばに執筆が途絶した『ノート』には、「まさに新段階に入ろうと」するニューディール政策の展開についての考察は遺されていない。

彼が息を引きとった一九三七年、ニューディールのもとで米国で初めて法的に公認された労組が、全国的な産業別組合会議（CIO）として結成され、労働者の企業内専制への囲い込みは打破され、それへの逆戻りはほぼ不可能になった（敗戦後日本との相違点）。

他方、世界市場から断絶していたソ連邦では、二九年恐慌の影響を免れえ、「農業集団化」による農民の犠牲のうえに、したがって労働者階級のヘゲモニーを崩しながら、「五ヶ年計画」を達成させて一挙に工業大国となり、これがスターリンとソ連邦の国際的威信を高めえて、一定期間、全世界の労働・民衆運動と植民地・従属諸国での民族独立闘争とに巨大な解放作用を及ぼすことも可能となった。

こうして、米ソを含む反ファシズム民主連合の歴史的勝利で終結した第二次大戦の後の米ソ冷戦体制への準備が形成され、二〇世紀末の「ソ連―東欧体制」の崩壊をへて現在に到る。このような二〇世紀世界の巨大な激動をふり返ると、Q22を中心とする「アメリカニズム」分析に示されるグラムシの、時代の底流にひそむ本質的諸問題を深く見抜く洞察力とその先見性には驚嘆すべきものがあるといわねばならない。しかもそれは、世界大のマクロ分析においてだけではなく、みてきたように、工業社会の進展とともに現れてくる各種の社会的諸問題に関する分析についてもいえることであり、そこには性・ジェンダー問題も含まれていた。

そうしたことは、哲学（α）・方法論的諸規準（β）の両次元からなる分析の理論的枠組が、抽象的でなく、文献学的次元（γ）の諸方法を駆使しうる具体性をそなえているからであり、グラムシにとっては、α（哲学）の具体的普遍性を証明するものともなる。

「工業社会」の諸問題をうまくとらええているのは、現行の経済体制の諸矛盾の分析に際して、彼は、問題を「経済体制」（歴史的形態・生産関係的側面）に還元することなく、ヘゲモニー論の視角から、方法のうえで、①諸階級間の力関係を表現する体制（形態・支配諸階級の利害）と、②それと現実には一体化している「技術－工業的な機能上の必要性」（§14）との区別、つまり、①「語の最も『卑俗』な意味での『資本主義的』な諸要素」と、②「技術的諸要素（経営と労働）」（§6）との区別をし、②の系を表す範疇として「工業社会」（あるいは「工業主義」）をとらえることによって、たんなる技術的－機能的側面（生産力的側面）からのみ問題を把握する抽象的な一般性に陥ることからも免れえているからである。グラムシは、こうした①と②との区別と関連、分析と総合（両側面を分離して、新しいヘゲモニーにおいて新たな総合に向かう）の弁証法をマルクスから独創的な仕方で学びとり（α）、一国社会の分析にあたっては、既述の「国際的－国民的視点」からする「力関係の分析基準」（β）の枠組内で、γ次元の諸方法を巧みに運用して諸事象をその固有性において捕捉することを可能にしていった。「アメリカニズム」分析は、この三次元方法論の実際的な適用の仕方を実例でもって示していたのである。

終章にかえて

グラムシの墓

島田豊『グラムシへの旅——現代イタリア紀行』大月書店、1980年、p. 229より

『獄中ノート』の複合的・立体的な体系構造

本書は、グラムシの短くも波乱にみちた激しい生涯を辿ったうえで、その学的思想的な凝集点としての『ノート』について、まず第一に、その体系の構造と基本内容を概説するとともに、第二には、それを通じて、そのなかに生成している実質としての社会学、新しい批判社会学の生成を明るみにする、という二重の課題を掲げていた。

そこでまず何よりも、『ノート』それじたいの体系の概説として、第2章「予備的提議」で予告もしたように、「四大主要テーマ」と、グラムシ自身の「哲学・政治・歴史の同一性」命題とを出発点にして、「理論」と「歴史」との二重構造の両次元にわたり、いうならば理論と実証（経験的分析）の両面を提示してきた。「理論」次元では、「哲学・政治・歴史の同一性」に照らして（叙述上の都合から順序は若干入れ替えて）、「実践の哲学」（第3章）、「歴史分析の理論枠組」（第5章）、「拡大された国家概念」（第6章）という順に論述し、その後で「歴史」次元としては、歴史分析の三次元方法論（第7章）を説明したうえで、それにもとづく分析の実例として「アメリカニズム」分析を提示した。その全体を通じて、「知識人—民衆ブロック」の形成という問題が基調テーマをなしており、このテーマじたいが「構造—上部構造」論の論理的枠組において掴まれていることを含めて、『ノート』体系の構造と基本内容は、本書の通読からおよそ理解されえたのではないかと思われる。

もとより本書は、『ノート』の内容を網羅的には概説していない。「イタリア知識人史」という大テーマのほか、文化論・教育論関係の議論も割愛している。さらに実は、『ノート』には、実証主義社会学に関する多角的な検討があり、コント、スペンサーのほか、特にパレート、ミヘルス、モスカといったイタリアで活躍した実証主義の社会学者・政治学者に関する言及もある。これとは別にヴェーバーへの関説もある。これらに対するグラムシの批判と摂取の仕方は非常に興味深いが、それもふれる余裕をもちえなかった。

その点は、本書の第二の課題にとり筆者としても残念ではあるが、本書では、筆者のいう新しい批判社会学の生成を浮かび上がらせるため、特に第4章を設けて、その基礎を提示した。第2章で予示したように、その基礎が第3章および第5章以降の、哲学・歴史・政治の諸領域の内容と有機的かつ複合的に関連していたことが重要である。

社会学の対象とグラムシ

もともと社会学は、社会の部分領域ではなく一定の哲学的前提のうえに社会・歴史総体の科学をうち立てるという構想のもとに創始された。その後、さまざまな変遷と分岐をへて今日に到るが、今日も将来も全体社会は社会学の対象からはずせない。そして同時にその焦点を、政治・経済・社会・文化といった時の「社会」に当てるのが社会学である。

そのことは、いみじくも、それまでの社会学の一つの総合として提示されたT・パーソンズの理論体系自体が物語る。パーソンズは、彼の有名なA（適応）・G（目標達成）・I（統合）・L（型の維持）という四機能図式にもとづいて、社会諸科学の対象区分をも明確にしようとしながら、A－「経済」（経済学の対象）、G－「政治体」（政治学の対象）、I－「社会的共同体〔sicietal communitey〕」（社会学の対象）、L－「文化」（文化人類学の対象）として区分しながら、その四つの「下位システム」からなるものとしての全体システムを「社会〔Society〕」とよぶことを提起した（邦訳『近代社会の体系』至誠堂、一九七七年）。つまり彼は、社会学の対象として「社会的共同体」を語るためにも全体社会の理論を提示しなければならなかったのであり、そこに暗黙のうちに、いわば社会学の対象の二重性（「社会的共同体」と全体社会）が示唆されている。

ハーバーマスは、パーソンズのこの四区分を引き合いに出し、「社会的統合のために、社会学をも一つの専門科学にしようとする試みがなされなかったわけではない」と、そのことを認めつつ、「社会学の本質」にかかわる問題として、「合理性問題」を放棄した経済学や政治学と異なって、「社会学は社会科学的学問のなかでただ一つだけ、社会全体の問題に関係をもち続けてきた。社会学は、つねに社会の理論でもあるのだ。だから社会学は、他の科学分野のように、〔「合理性問題」を放棄せず、したがって〕合理化の問題を退けはしない」（邦訳『コミュニケーション的行為の理論・上』未来社、一九八五年、二五頁、傍点は原著）と強調している。

ハーバーマスとしては、そのように主張して、独自の社会理論、すなわち、政治システムと経済システムとの基盤でありながら、両システムとの緊張関係におかれているものとして「生活世界」を設定し、そこにおける「コミュニケーション的合理性」を説くという社会理論を提唱するのであるが、そこにも、「生活世界」と、そこに焦点が当てられる全体社会の「社会理論」という社会学の対象の二重性が現れている、と著者にはみえる。

「合理性問題」は、グラムシも重視する問題であった。だが、グラムシにおいて「合理性」は「必然性」に照応する意思の領域における問題であり（拙稿、松田博編著［一九八八］第二章）、「コミュニケーション的合理性」は、ヘゲモニーと同意の問題となる。いずれにしても、何が合理的で、何が必然的かという問題は、ハーバーマスと同じく、グラムシにおいても、自明ではなく、論争的問題として現れる問題であり、あらかじめ純「客観的」に存在する事柄ではない。パーソンズの「社会的共同体」は、グラムシにおいては「市民社会」にほかならず、それは拡大された国家概念の「倫理―政治的契機」・「倫理的内容」をなすものであり、それゆえにハーバーマスのいう「道徳的・実践的行為」が展開される場としての「生活世界」にも重なってくる。グラムシの「社会理論」は、経済と力と倫理―政治的なものとの三契機において把握される「歴史の理論」（第三章「歴史分析の理論枠組み」）であり、「拡大された国家」の理論（第四章）であるが、いずれも「倫理―政治的契機」、「ヘゲモニー」と「同意」、「市民社会」に焦点が当てられている。つまり、すぐれて社会学的なのである。

グラムシの『ノート』の社会学的な実質は、以上のような対象領域にかんしてだけではなかった。

社会秩序ないし社会統合という社会学の主題という点では、すでに第2章において、グラムシは青年期から「オルディネ・ヌオーヴォ〔新秩序〕」の追求を基底の問題視角としていたことを指摘した。社会が社会である限り、その機能分化のゆえに必ず「統合」が組織されねばならない。グラムシは、既存の社会秩序の解体をめざすが、そのなかで同時に新しい秩序を建設する「責任倫理」(ヴェーバー)を、統合の必然性と結びつけて決定的に重視した。また第4章では、いわゆる社会学の「根本問題」、つまり「個人と集合体との関係」如何という問題についてもきわめて独創的な検討をしていることを明らかにした。そこにおける「活動的(諸)関係」の概念は、個々人の能動性を表す概念としてミクロ社会学にきわめて有用であるだけではなかった。それは、一社会集団の「ヘゲモニー」に展開する概念でもあるものとして、ミクロ社会学と全体社会を扱うマクロ社会学とを首尾一貫した論理でつなぎ、「行為と構造」の問題を具体的な動的過程において掴むことも可能にするものであった。加えて、「実際の現実」に対する経験科学的な分析方法論としての三次元方法論は、従来の社会学における実証主義系譜と解釈学的系譜とのいずれの諸議論をも総合するような方法論であり、ミクロにもマクロにも使用可能な方法論として、社会学としても非常に興味深いものであったはずである。

政治学の超克に向かう新しい批判社会学

しかしながら、『ノート』の内容を社会学的伝統の枠内に収めてしまうことができないことも明らかであろう。たとえばN・ルーマンは、社会学とは何かについて、端的に、「社会秩序」を「支配」と区別したうえで、その「社会秩序は如何にして可能か」を主題にする学問だと応えている（邦訳『社会システム理論の視座』木鐸社、一九八五年）。グラムシが探求した「新しい秩序」の「秩序」は、社会の「知的道徳的秩序」であり、したがってルーマンが「支配」と区別し、したがってまた、すでに上記において示唆したように、一般にも社会学において扱う「社会秩序」に一致し、あるいはまた「社会統合」にも一致する。しかしグラムシの「知的道徳的秩序」は、指導と同意、ヘゲモニーを通じて「市民社会」において形成されるが、現実には、それらと範疇的に区別される強制・支配・政治社会等の直接・間接の作用との絡み合いにおいて形成されるものとして具体的に掴まれており、両者の可変的な均衡を問題とする。それは、パーソンズ理論において、「政治体」の「権力」による「強制」と、「社会的共同体」における「影響力」による「合意」とが、ワンセットの関係にあることに類似する。とはいえ、グラムシの「政治社会」と「市民社会」との区分は、拡大された国家の概念における「方法的区分」であるが、パーソンズの「政治体」と「社会的共同体」とは、「有機的区分」がなされる相互に異なるシステムである。

グラムシの社会理論が社会学的伝統と根本的に相違するのは、その社会理論の前提に「諸矛盾の理論」にほかならない弁証法的な「実践の哲学」を据えており、将来における諸矛盾の解消、階級の消滅を想定していることである。このため国家は、「国家となった階級」として把握され、「政治社会の市民社会への再吸収」(「レゴラータ社会」の出現)として国家それじたいの消滅、それゆえにまた「政治」の超克を目的とする新しい国家・政治の形成をめざす社会理論となっていることにある。したがって、その社会理論は「歴史の理論」とも「政治学」ともいわれている。しかしここで逆に、本書における全論述を社会学の専攻者として振り返ってみれば、その全体が国家と政治の社会への再吸収、したがって〝政治学を己のもとに吸収してしまうことをめざす社会学〟であるということにならないであろうか。つまり、社会学であれば、そこにその学が焦点を当てる「市民社会」が「政治社会」を吸収しうるに足るまでに全面的な拡充をとげることを一貫して追求する新しい社会学であり、社会学的伝統の枠を超え出て、むしろこの伝統を、その諸成果の積極的な吸収・発展を通じてラディカルに刷新しようとするまったく新しい批判社会学であるものとして再把握することができるのではないか、ということである。

これはおそらく、グラムシ自身が「歴史と政治の科学」として述べたことのある「実践の哲学の社会学」に合致するものでもあろう。すでに本論で述べたように、一九世紀のマルクスがそれまでの経済学を批判してグラムシのいう「批判経済学」を創造したとすれば、グラムシ自身は、「マルクス主義と社会学」という難問が登場した二〇世紀にあって、マルクス主義を「実践の哲学」として再構成しながら新しい批判社会学を創造しつつあった、ということである。

社会学専攻者として、本書で紹介したグラムシの議論全体をこのように受け止めなおした時、そこに、新しい「知識人と民衆の社会的ブロック」を不断に拡大し、それを通じて最終的には国家・政治を不要とし「人類の統一」に至る極限にまで、社会的現実の諸関係を変えながら次第にあらゆる人々へと、人間の個人的・集団的な歴史的・政治的主体への発展を推進し続ける「社会の科学」としての、これからの社会学の新しい壮大な展望が開け、理論と実証の統合にとどまらない理論と実践の統一、社会学の大衆性の本格的な獲得、活動的な民衆自身の多様な支部をもつ新しい社会学的アカデミズムの創造へというまったく新しい展開の構想が浮かび上がってくるのではないではないか、と思われる。著者としては今後、本書で提示したグラムシ『獄中ノート』を基礎にして、この方向にそった新しい社会学原論とでもいうべき社会学理論の構築に向かいたい。

あとがき

本書の執筆依頼を受諾したのが二〇〇一年三月であったので、以来九年以上を経過したことになる。当初、本書執筆の課題は、著者にとりきわめて大きな重圧であった。自分自身のグラムシ研究はもっぱらグラムシの主著『獄中ノート』に特化したものであったが、それだけに限ってみても、社会学史的なシリーズの一冊として概説することができるようなものにはとうてい達しえていなかったからである。そもそもグラムシ論として、彼の方法論や理論的な枠組について、たとえ仮説としても、ある程度はそれを掴んでいなければ、それをなしえない。しかし、それは海外においてもまだほとんど明らかにされてはいない。

こうした状況のなかで著者としては、苦悶しながら二〇〇四年になってようやく執筆に取りかかりはした。

ところが幸いなことに、その過程で『獄中ノート』の主題構成に関する仮説的アイデアが浮かび出ることになり、以来、その主題構成の究明を契機にして、本書の原稿を途中書きを含めて何回も書き直しながら、『ノート』の方法論や全体枠組等の個別研究を並行させた。その結果、やっと二〇〇八年三月末日に初稿を脱稿しえた。以後、東信堂社長・下田勝司氏から貴重な要請や助言を得て、修正や補充を加えて本書がなった。

こうした次第で本書出版までに多年を要してしまったが、著者としては、本書執筆の重圧下で、それに応えるべく努め、特に二〇〇四年以来の個別的諸研究を通じて、『獄中ノート』の主題・方法・枠組等の全体構造に関し、著者なりに一応の体系的な理解を得る結果となった。そして実は本書に先行して、二〇〇九年、この体系的構造じたいを主題として『グラムシ「獄中ノート」の学的構造』(御茶の水書房)と題する著作を出版しえた。これが著者の最初の単著となった。本書執筆の課題が、その著作上梓への一大契機となったのである。

加えて、その前著を「形式」編とすれば、その「内容」編にあたる姉妹編として、著者の一九八五年以来のグラムシ論拙稿から一五編を選別、再録した、別著『グラムシ「獄中ノート」研究――思想と学問の新地平を求めて』も大月書店から二〇一〇年一〇月刊行しえた。本書は、いわばこの両姉妹編を、社会学的視角の問題を加味しながら一つに合体させた概説として書き下ろしたような内容になっている。したがって、本書における個々の論点につき、より詳しくはその両姉妹編を覗いていただければ、著者としては望外の幸せである。

ともあれ、こうして本書の執筆は、著者自身の研究に新たな画期をなすような発展を強いる機会となった。本シリーズの監修者・北川隆吉先生はじめ企画協力者の方々からは、このまたとない機会を与えていただいたうえ、出版社の方々も含めて、本当に長い間辛抱強く見守って下さった。なかでも下田社長には多々助言や激励までいただいた。この場を借りて、それらの方々への深甚なる感謝の意を表させていただきたい。

なお、本書の刊行をもって著者のグラムシ論著作は、右記の姉妹編を合わせて三部作となる。私事にわたって恐縮ではあるが、ここに到る間、妻弘子は、特に一九七三年秋、夜間学生であった私が、大学院受験勉強のため企業勤務を辞して後、進学した遠隔地（京都）の大学院に名古屋から通った時代と、それに次ぐ名古屋での長いオーバー・ドクター時代、つまり非常勤講師時代との（一九九一年現職就職まで続く）期間、家計収入の確保と子育ての労苦をほぼ全面的に引き受けてくれた。精神的にも家計の将来不安が募るなかをよく耐えてくれた。こうした妻の支えなしには、今日の私はない。妻には、そのことを記すだけでは足りないが、まずはそれをもって心からなる感謝の気持ちの表明にかえさせてもらいたい。本当に有り難う。

イタリアでは、グラムシ全著作の国家版の刊行が始まっている。また来年は、グラムシ生誕一二〇周年になる。国内外でその記念シンポジウム等が開催されるであろう。それらを契機にしてグラムシへの関心がさらに高まることを期すとともに、著者自身の研究をさらに発展、充実させたいと意を新たにする次第である。

二〇一〇年一一月

著者

引用・参考文献

1　グラムシの業績（『獄中ノート』）

Gerratana, Valentino (a cura di) (1975), Antonio Gramsci, *Quaderni del carcere*, Edizione critica dell' Istituto Gramsci, Giulio Einaudi editore, Torino. ジェルラターナ編・獄中ノート翻訳委員会訳（一九八一）『グラムシ研究所校訂版・グラムシ獄中ノート・I』大月書店（第I巻のみで中断）。

・（仏訳）(1978-96), Antonio Gramsci, *Cahiers de prison*, Gallimard.

・（独訳）(1991-2002), Antonio Gramsci, *Gefägnishefte*, Argument-Verlag.

・（英訳）(1992-), Antonio Gramsci, *Prison Notebooks*, Edited with on Introduction by Joseph A. Butigieg, Columbia University Press.

2　グラムシ選集・『獄中ノート』選集

Bellamy, Richard (edit.), Cox, Virginia (trans.) (1994), *Antonio Gramsci, Pre-Prison Writings,* Cambridge University Press, New York.

Boothman, Derek (edit. & trans.) (1995), *Antonio Gramsci, Further Selections from the Prison Notebooks*, Lawrence and Wishart, London.

Forgacs, David and Nowell-Smith, Geoffrey (edit.), Boelhower, William (trans.) (1985), *Antonio Gramsci, Selections from Cultural Writings,* Lawrence and Wishart, London.

Forgacs, David (edit.) (1988), *The Antonio Gramsci Reader: Selected Writings 1916-1935*, Lawrence and Wishart, London. ディヴィッド・フォーガチ編（一九九五）『グラムシ・リーダー』（東京グラムシ研究会監修・訳）御茶の水書房。

Hoare, Quintin and Nowell-Smith, Geoffrey (edit. & trans.) (1971), *Antonio Gramsci, Selections from the Prison Notebooks of Antonio*

Gramsci, Lawrence and Wishart, London.
Hoare, Quintin (edit.), Mathews, ohn (trans.) (1977), *Antonio Gramsci, Selections from Political Writings 1910-1920,* Lawrence and Wishart, London.
Hoare, Quintin (trans. and edit.) (1978), *Antonio Gramsci, Selections from Political Writings 1921-1926*, Lawrence and Wishart, London.
石堂清倫編訳（一九七八）『グラムシ獄中ノート』三一書房。
片桐薫篇（二〇〇〇）『グラムシ・セレクション』平凡社ライブラリー、平凡社。
上村忠男編訳（一九九四）『グラムシ・新編・現代の君主』青木書店。
――――編訳（一九九九）『知識人と権力――歴史的―地政学的考察』みすず書房。
山崎功監修、代久二編集（一九六一―六五）『グラムシ選集』全六巻、合同出版社。

3　グラムシの獄中書簡

Caprioglio, Sergio e Fubini, Elsa (a cura di) (1965), Antonio Gramsci, *Lettere dal carcere*, Einaudi, Torino. カプリオッリョ＝フビーニ編（一九八二）『愛よ知よ永遠なれ――グラムシ獄中からの手紙』四分冊（大久保昭男・坂井信義訳）大月書店。

4　グラムシ関連の伝記類

Fondazione Istituto Gramsci (1997), *Gramsci e il novecento,* Einaudi, Roma. 東京グラムシ会『獄中ノート』校訂版研究会編・訳（二〇〇五）『グラムシ思想探訪：市民的ヘゲモニーの可能性――財団グラムシ研究所「グラムシと二〇世紀」日本版』いりす社。
Lepre, Aurelio (1998), *Il prigioniero—Vita di Antonio Gramsci*, Laterza, Roma-Bari. アウレリオ・レプレ著、小原耕一・森川辰文訳（二〇〇〇）『囚われ人アントニオ・グラムシ』青土社。
Natoli, Aldo (1991), *Autigone e il prigioniero—Tania Schucht lotta per la vita di Gramsci,* Riniti, Roma (2. ed.). アルド・ナトーリ著、上杉聡彦訳（一九九五）『アンティゴネと囚われ人――グラムシの人生のために闘ったタチャーナ・シュフト』御茶の水書

房。
片桐薫（二〇〇七）『新グラムシ伝』日本評論社。

5 研究書

Bobbio, Norbberto (1990), *Saggio su Gramsci*, Feltrinelli, Milano. ノルベルト・ボッビオ著、小原耕一・松田博・黒沢惟昭訳（二〇〇〇）『グラムシ思想の再検討』御茶の水書房。

Francioni, Gianni (1984), *L'officina gramsciana: Ipotesi sulla struttura dei "Quaderni del carcere"*, Bibliopolis, Napoli.

Hobsbawm, Eric J. (edit) (1995), *Gramsci in Europa e in America*, Laterza, Roma–Bari.

James, Martin (edit) (2002), *Antonio Gramsci–Critical Assessments of Leading Political Philosophers*. 4vols. Routledge, UK.

Losurdo, Domenico (1997), *Antonio Gramsci dal liberalismo al «comunismo,»* Roma, Granberetti Editrice. ドメニコ・ロズールド著、福田静夫監訳（二〇〇八）『グラムシ実践の哲学――自由主義から《批判的共産主義》へ』文理閣。

Manacorda, Mario Alighiero (1970), *Il Principio educativo in Gramsci—Americanismo e conformismo*, Armando, Roma. マリオ・アリギエロ・マナコルダ著、上野幸子・小原耕一訳（一九九六）『グラムシにおける教育原理――アメリカニズムと順応主義』楽。

Salamini, Leonardo (1981), *The Sociology of Political Praxis: An Introduction to Gramsci's Theory*, Routledge, London.

石堂清倫・いいだもも・片桐薫編（一九八九）『生きているグラムシ――没後五〇周年記念論文集』社会評論社。

伊藤公雄（一九九六）「権力と対抗権力――ヘゲモニー論の射程」井上俊・他編『岩波講座・現代社会学16・権力と支配の社会学』岩波書店。

伊藤成彦・片桐薫・黒沢惟昭・西村暢夫編（一九八八）『グラムシと現代――グラムシ研究国際シンポジウム報告』御茶の水書房。

片桐薫（一九九一）『グラムシの世界』勁草書房。

片桐薫（二〇〇六）『グラムシ「獄中ノート」解読』こぶし書房。

上村忠男（二〇〇五）『グラムシ・獄舎の思想』青土社。

川上恵江（二〇〇〇）「グラムシと国家死滅テーゼの再検討――社会思想史的位置づけにむけて」鶴田満彦・渡辺俊彦編著『グローバル化のなかの現代国家』中央大学出版部。

グラムシ歿後六〇周年記念国際シンポジウム編（二〇〇〇）『グラムシは世界でどう読まれているか』社会評論社。

黒沢惟昭（二〇〇七）『現代に生きるグラムシ――市民的ヘゲモニーの思想と現実』大月書店。

黒沢惟昭（二〇〇八）『アントニオ・グラムシの思想的境位――生産者社会の夢・市民社会の現実』社会評論社。

鈴木富久（二〇〇九）『グラムシ「獄中ノート」の学的構造』御茶の水書房。

鈴木富久（二〇一〇）『グラムシ「獄中ノート」研究――思想と学問の新地平を求めて』大月書店。

竹村英輔（一九七五）『グラムシの思想』青木書店。

竹村英輔（一九八九）『現代史におけるグラムシ』青木書店。

フォーラム90's編（一九九二）『グラムシの思想空間――グラムシの新世紀・生誕一〇一年記念論集』文流。

松田博編（一九八八）『グラムシを読む』法律文化社。

松田博（二〇〇三）『グラムシ研究の新展開』御茶の水書房。

松田博（二〇〇七）『グラムシ思想の探求――ヘゲモニー・陣地戦・サバルタン』新泉社。

松田博・鈴木富久編（一九九五）『グラムシ思想のポリフォニー』法律文化社。

付録

【付録・1】 グラムシ『獄中ノート』全冊の構成

Qは「ノート」各冊に『校訂版』編者（ジェルラターナ）により付された「ノート」番号を表す。〈 〉内および「執筆時期」（推定）は同上編者による。ただし、執筆時期については、フランチョーニの新説を併記し（[Francioni, (1984) pp.138-246]）、それに準拠して執筆の時期区分を仮説的に示した。

期	Q	表題〈主題〉	執筆時期	執筆時期（フランチョーニ説）
29.2	1	第一ノート 【Q1プラン設定】	一九二九－三〇	一九二九・二・八－三〇・五
	2	雑録Ⅰ	一九二九－三三	一九三〇・五－三一・一〇（＋三三）
	3	〈雑録〉	一九三〇	一九三〇・五－三〇・一〇
	4	〈哲学メモⅠ＋M・＋地獄篇第十歌〉	一九三〇－三二	一九三〇・五－三二・九
30.10（第Ⅰ期）	5	〈雑録〉	一九三〇－三	一九三〇・一〇－三二前半
30.11		【Q8プランに変更】		一九三〇・一一－一二
	6	〈雑録〉	一九三〇－三二	一九三〇・一一・－三二・一
	7	〈哲学メモⅡ＋雑録〉…冒頭にマルクス著作一〇編翻訳	一九三〇－三一	一九三〇・一一－三一・一二
32.2（第Ⅱ期）	8	〈雑録＋哲学メモⅢ〉	一九三一－三二	一九三〇・一一‐一二－三二・五
32.3		【Q8プランを「題材の諸群」に変更】		一九三二・三－四
	9	〈M・＋イタリア・リソルジメントに関するノート〉	一九三二	一九三二・四－三二・一一
	10	ベネデット・クローチェの哲学	一九三二－三五	一九三二・四－三三・五

33.11（第Ⅲ期）			
11	〈哲学研究序論〉	一九三二―三三	一九三二―三二末（＋三三前半）
12	知識人史論集のためのメモと雑記	一九三二	一九三二・五―六？
13	マキアヴェッリの政治学に関するノート	一九三二―三四	一九三二・五―三四前半
14	〈雑録〉	一九三二―三五	一九三二・一二―三五・五
15	〈雑録〉	一九三三	一九三三・二―三三・八
16	文化の論題1	一九三三―三四	＊一九三四・二―三四末
17	〈雑録〉	一九三三―三五	一九三三・八―三五・八
35.6（第Ⅳ期）33.12			
	【フォルミア医院に転舎】		
18	ニッコロ・マキアヴェッリ・Ⅱ	一九三四	一九三四前半
19	〈イタリア・リソルジメント〉	一九三四―三五	一九三四・二―三五・二
20	カトリック行動・統合カトリック派・イエズス会派・近代派	一九三四―三五	一九三四・二―三五初期？
21	イタリア国民文化の諸問題。Ⅰ　民衆文学	一九三四―三五	一九三四・二―末？
22	アメリカニズムとフォード主義	一九三四	一九三四・二―三？
23	文学批評	一九三四	一九三四・二―八
24	ジャーナリズム	一九三四	一九三四・二
25	歴史の辺境（従属的社会諸集団の歴史）	一九三四	一九三四・二―八？
26	文化の論題2	一九三五	一九三五・二―三五中葉？
27	「フォークロア」についての考察	一九三五	一九三五前半？
28	ロリア主義	一九三五	一九三五前半？
29	文法研究入門のためのノート	一九三五	一九三五・四頃

＊この執筆開始年次からすれば、本表の第Ⅳ期に該当することになる。

†他に翻訳ノート四冊：①一九二九年、②一九二九―三一年、③一九二九―三一年、④一九三二年…グリム童話翻訳の一部転写。

【付録・2】獄中研究プラン

(1) Q1プラン（一九二九年二月八日付）

「覚書とメモ

主要論題

(1) 歴史と歴史叙述との理論
(2) 一八七〇年までのイタリア・ブルジョアジーの発展
(3) イタリア知識人諸グループの形成。展開、態度
(4) 『付録小説』の民衆文学とその持続的人気の理由
(5) カヴァルカンテ・カヴァルカンティ。神曲の構造と技巧における彼の位置
(6) イタリアとヨーロッパにおけるカトリック行動の起源と展開
(7) 民間伝承〔フォークロア〕
(8) 獄中生活の経験
(9) 南部問題と島嶼問題
(10) イタリア人口についての研究。その構成、移民の機能
(11) アメリカニズムとフォード主義
(12) イタリアにおける言語問題。マンゾーニとG・I・アスコリ
(13) 『常識』(7)を参照せよ)
(14) 標準型諸雑誌。理論誌、批評的－歴史的雑誌、一般的文化(普及的)誌
(15) 新文法学派と新言語学派（「この円形の机は正方形である」）
(16) ブレシャーニ神父の末流。

〔傍点の箇所は、原文がイタリック〕

(2)　Q８プラン、一九三〇年一一―一二月〔フランチョーニ説。ジェルラターナ説では三一年一二月〕

「イタリア知識人史のための断片的な覚書とメモ〔原ノートでは大文字。このあと一行空白〕

第一、このような覚書とメモの暫定的な――こころ覚え用の――諸性格。第二、これらからは、独立の試論数編が生まれうるであろうが、まとまった有機的一作品ではない。第三、叙述の主要部分と副次的部分、『本文』にあたるものと『覚書』でなければならないもの、この両者の区別はまだありえない。第四、問題はしばしば『第一次接近』といってよい未検証の主張があることである。すなわち、これらの主張のうちには今後の研究のなかで放棄されるかもしれないものがあり、ことによったら、反対の主張が正確なものと判明するかもしれないであろう。第五、上記の事情のために、主題の範囲の広範さ、曖昧さから、誤った印象をあたえてはならない。知識人についての寄せ集めの雑録、ありうべき想像上の『空隙』をすべて埋めようとする百科事典的作品を編集するつもりは毛頭ない。

主要な試論、一般的序論。一八七〇年代までのイタリア知識人の発展。さまざまの段階。――付録小説の民衆文学。――民間伝承と常識。――文章語と諸方言との問題。ブレッシャーニ神父の末流。――宗教改革とルネサンス。――マキアヴェッリ。――学校と国民教育。――世界大戦までのイタリア文化におけるクローチェの位置。――リソルジメントと行動党。――民族的修辞学の形成におけるウーゴ・フォスコロ。――イタリアの演劇。――カトリック行動の歴史。――全一派カトリック教徒、イエズス会、近代主義者。――中世のコムーネ、国家の経済的―同業組合的局面。――一八世紀までのイタリア知識人の世界主義的機能。――イタリアにおける文化の国民的―民衆的性格の欠如に対する反動、未来派。――単一学校、および国民文化の組織全体にとってそれが何を意味するか。――イタリア知識人の性格の一つとしての『ロリア主義』。――イタリアのリソルジメントにおける『ジャコバン主義』の不在。政治の技術者および統合的すなわち実地の政治家としてのマキアヴェッリ。

付論。アメリカニズムとフォード主義。

〔原ノートではこのあと頁紙面の残余を空白にして改頁、傍点の箇所は、原文がイタリック〕

(3) **Q8-Bプラン**（Q8プランの変更。フランチョーニ説では一九三二年三―四月。ジェルラターナ説ではQ8プランと一体的に理解されている）

題材の諸群〔raggruppamenti di materia〕
第1 知識人、学校問題
第2 マキアヴェッリ
第3 百科全書的知識と文化の諸論題
第4 哲学研究序論と、ある社会学の一般向け教程への批判的覚書
第5 カトリック行動の歴史。全一派カトリック教徒―イエズス会士―近代主義者
第6 知識百般に通ずる各種覚書の雑録（過去と現在）
第7 イタリアのリソルジメント（オモデーオの『イタリア・リソルジメントの時代』の意味で、ただしごく厳密にイタリア的な諸要因を力説して）
第8 ブレシャーニ神父の末流。民衆文学（文学に関する覚書）
第9 ロリア主義
第10 ジャーナリズムについてのメモ

〔傍点箇所は原ノートではイタリック〕

【付録・3】

グラムシ略年譜

年	グラムシ事跡	関連諸事件
一八九一	1／22 イタリア・サルデーニャ島の寒村アーレスに生まる（第四子）。	
一八九五	四歳時重病（後年背中湾曲の障害者に）。	
一八九八	下級官吏の父、逮捕・投獄。家族ギラルザに移住。小学校入学。	
一九〇二～	ギラルザ登記所で二年間働く。のち中学後期課程に入学。	
一九〇八～	デットリ高校入学（カリアリ）。社会主義運動に関係。最初の論文発表。地方紙の通信員になる。このころマルクスを読む。	
一九一一	11 トリノ大学文学部入学（言語学専攻）。	
一九一三	社会党入党	
一九一四	10 「積極的・能動的中立」を発表。	第一次大戦勃発。
一九一五	12／10 社会党機関紙『アヴァンティ』トリノ支部編集部に入る。	
一九一七	12／24 「資本論に反する革命」（ロシア革命論）発表。	ロシア革命勃発。
一九一九	5／1 『オルディネ・ヌオーヴォ：週刊社会主義文化誌』創刊。工場評議会運動指導（20／4／13 ゼネスト宣言（ピエモンテ一帯に二〇万人参加）。9 工場占拠運動（五〇万人）→ジョリッティ政権の介入：経営参加法案準備で合意・決着。	9／13 社会党：第三インター加盟決議。20／10～ソ連、ネップ転換に際し「労働組合論争」起こる。
一九二一	1／21 共産党結成に参加。ファシズム分析開始。	
一九二二	6／3 モスクワ到着。のち第三インター第二回拡大執行委員会に出席、執行委員就任。のち療養所入所、ジュリア・シュフトと知り合い、やがて結婚。	22／10／28 ファシスト、権力掌握（ローマ進軍）。

	10/25　レーニンと会見。	
一九二三	12/3　ウィーンに転任、到着。	
一九二四	4/6　下院議員選出（在外立候補）。 5/12　帰国（ローマ）。8　党書記長就任。	6　コミンテルン第五回大会（統一戦線「労働者・農民政府」提起）。
一九二五	ジュリアの姉タティアーナ・シュフトを探し当てる。	
一九二六	1　党第三回大会（リヨン）、グラムシの指導権確立。 10　ロシア党内対立に関し書簡を出す。「南部問題」執筆。 11/8　逮捕（ローマ監獄）。 12/7　ウスティカ島に流刑（27/1/20　ミラノ監獄に移動）。	ソ連指導部内での工業化論争険悪化。
一九二七	3/19　タティアーナ宛手紙に四テーマ探究と書く。	
一九二八	6/4　軍事法廷（ローマ）、二〇年四ヶ月五日の禁固と判決。 7/19　トゥーリ監獄収監（雑居房。同月、弟カルロの要請で独居房に移転許可）。	7　コミンテルン第六回大会（左転換明確化）。ソ連「五ヶ年計画」発足
一九二九	2/8　『ノート』執筆開始、Ｑ1プラン（一六題）執筆。 3/25　タティアーナ宛手紙で研究テーマ告知（①一九世紀イタリア史、特に知識人諸集団　②歴史と歴史叙述との理論　③アメリカニズムとフォード主義）。	世界大恐慌発生。
一九三〇	夏、伊共産党の左転換受容にグラムシ不同意を表明。 7　在モスクワ妻ジュリアの療養所入院。 11/17　タティアーナ宛手紙で三、四テーマに決めたと告知（一八世紀までの伊知識人の世界主義的役割を含む）。 11-12　Ｑ8プランに変更（伊知識人史に一本化、付論「アメリカニズムとフォード主義」）。	

一九三一	12　獄中同志間での討論で「憲法制定議会」主張し孤立、討論中止。 8／3　タティアーナ宛手紙に「真の研究、作業計画はもはやない」と記す。 8／3　最初の重大な発作（喀血）。	
一九三二	3-4　Q8プランを「題材の諸群」（一〇題）に変更。 11　獄中討論再開（今度は社会党員を含む仲間と）。	33／5〜6　外国でグラムシとファシズム犠牲者の釈放要求運動高まる。
一九三三	3／7　二度目の重大な発作（ベッドから落ち人事不省）。 12　クズマーノ医院（フォルミア）に移される。	9　ソ連、囚人聖職者との交換の考慮、大使館に指示、実現せず（35／1　囚人交換の希望消滅）。
一九三四	9／24　仮釈放願書提出。 10／25　条件付き仮釈放命令（27　釈放）。	
一九三五	6　新たな発作（ノート執筆不能になる）。 8　クイジザーナ医院（ローマ）に転院。	34／8　共産党―社会党の行動統一協定（反ファシズム人民戦線）成立。
一九三七	4／20　仮出獄期間終了、監視措置停止の公式通告。 4／25　夕、不意に発作、脳溢血。 4／27　午前四時一〇分、死亡（四六歳）。	9〜　外国でグラムシ釈放要求運動再高揚（ロマン・ロラン小冊子発行）。

人名索引

【ア行】

アリストテレス ……134
ヴィーコ ……133
ヴェーバー ……29,157,160
上村忠男 ……32
エンゲルス ……68,102

【カ行】

片桐薫 ……29
川上恵江 ……117
クローチェ ……9,14,47,49,89
ゴベッティ，ピエロ ……9
コント，オーギュスト ……30,157

【サ行】

ジェンティーレ ……47
シュフト，ジュリア ……13,16,20
スターリン ……14,101,151,153
スペンサー ……30,157
スラッファ，ピエロ ……16,17,19,20

【タ行】

竹村英輔 ……26,27
タティアーナ ……16,18,20,21,96,100,125
デュルケム ……29
トリアッティ，パルミーロ …6,8,14,16

【ハ行】

パーソンズ ……157,159,161
ハーバーマス ……158,159
バルトリ ……6,7,9,51,133
パレート ……157
ヒトラー ……152
フェリーチェ，フランコ・デ ……148
フォーベル，マッシモ ……151
フッサール ……86
ブハーリン ……48,49
フランチョーニ ……24
ヘーゲル ……45,105,109
ボルジェーゼ，G.A. ……152
ボルディーガ ……11

【マ行】

マキアヴェッリ ……97,99,134
松田博 ……117
マルクス ……9,10,12,17,68,110,122,146,162
ミヘルス ……157
ムッソリーニ ……11,47
モスカ ……157

【ラ行】

ラブリオーラ ……47
ルーマン，N. ……161
レーニン ……8-12,100,105,117
レオナルド・ダ・ヴィンチ ……97
ローズベルト ……152

歴史方法論 ……………………39,50
レゴラータ社会 ……………116-118,
120,121,162
レトリック的な認識方法 ………133
「労働組合」論争 ………………100
労務管理網 ………………………149
ロータリー・クラブ ……………149
ロシア革命 ……………………7,9,10

【欧字】

Ｆテーゼ ………………………39,47
Ｆテーゼ１ ……………………47,58,59
Ｆテーゼ６ ………………………119
ON 誌→『オルディネ・ヌオーヴォ』
／ON 誌
Q1 プラン ……………………………17
Q8 プラン ……………………………17
Q8-B プラン…………………18,19,39
YMCA ……………………………149

――と同意 ……………………87,159
――の概念 ……………………77
――の関係 ……………………65,78
――の犠牲 ……………………83,111
――の思想 ……………………12
――の理論 ……………………101
――の論理 ……………………118
――は工場から …………142,143
変換・翻訳 ……………………50
弁証法 ……………48,56,84,86,95,134
――の学 ……………………44,45,50
法と国家の倫理性 ………………108
方法的区分………………113,128,161
方法論的規準 ……………………99
方法論的個人主義 ……………33,34
方法論的集合主義 ……………33,34
方法論的諸規準 …………50,128,133
翻訳・変換形態 …………………68

【マ行】

マクロ社会学 ……………………160
マス現象 …………………………142
マルクス主義 ……………10,30,45,47
――と社会学 ……………………162
――理論 ……………………13,38
ミクロ社会学 ……………………160
民主主義的ユートピア …………107
矛盾と必然性の地盤 ……………119
ムッソリーニ政権 ………………15

【ヤ行】

夜警国家 …………………………116
闇の議会主義 ……………………124
唯物論 ………………………41,47,49
――と観念論との現代的再総合
……………………………………49
有機的区分 ………………113,161
有機的知識人………72,80,88,128,140
――層 ……………………………82,103
ユートピア ………………………121
ヨーロッパ的人口構成 …………143
ヨーロッパ的な歴史段階 ………148
四大主要テーマ ……26,27,39,42,156

【ラ行】

リソルジメント ………………91,99
量が質へ …………………………73
量－質の弁証法 …………………129
量の質への移行 ………55,63,73,112
リヨン・テーゼ …………………14
倫理－政治的 ……………………81
――契機 ……………………86,159
倫理的 ………………………76,108
――国家 …………………………109
ルネサンス ……………………97,98
歴史観の三契機 …………………132
歴史言語学 ……………………6,51
歴史主体 …………………………70
歴史叙述の理論 ………………39,50
歴史そのものと（に）なる ……43,69
歴史的ブロック…………27,31,42,43,
57,83,143,147
――A ……………………58,68,81
――A′ ……………………81,82,90
――B ……………………58,63,77
――形成過程間の闘争 ……87,130
――の必然的形態 ………………87
歴史と政治の科学 ……34,50,51,130
歴史と政治の研究と解釈の実際的
諸基準……………………50,68,128
歴史と政治の文献学 ………6,27,51,
128,133
歴史の一般的方法論 ……………50
歴史の三次元方法論 ……………51
歴史の理論…………19,65,68,159,162
歴史は諸階級の歴史 ……………130

特殊として現存する普遍 …46,57,82
都市化 ……105
都市型知識人 ……89
土地改革 ……98
トリノ時代 ……85,91
トロツキー ……14,151,152

【ナ行】
鉛のマント……141,143,147
縄張りからなる労働組合 ……142
南部問題……14,15,40,89,99
二九年恐慌 ……153
日本 ……38,91
人間 ……57,60
　——概念 ……32,33,59,77
　——主義 ……92
　「——主義」と闘争する新工業主義 ……149
　——的本質 ……119
　——的本性 ……61,120,121
　——的本性生成史観 ……120
　——の合理化 ……148
　——の自己性と成員性 ……60
　——の重複成員性 ……60
人権宣言 ……98
認識原理 ……43,45
認識論 ……44,50
　——的価値 ……134
ネップ（新経済政策）……11,100,105
年齢構成 ……150
農業改革 ……151
農村型知識人 ……89

【ハ行】
覇権 ……128
　——の現出二様式 ……95
　——は二つの様式で現れる …74
反実証主義 ……6
　——的な実証的批判の社会学…34
　——的な社会学 ……51
反ファシズム運動 ……20
反ファシズム諸勢力 ……13
反ファシズム民主連合 ……153
比較言語学 ……12
左転換 ……17,20
必然－自由の弁証法 ……129
必然性 ……56,63,85,159
　——と強制の自由への移行の弁証法 ……111
　——と強制を「自由」に転ずる ……110
　——の自由への移行 ……56,63, 86
批判経済学 ……162
批判的警句 ……134
ヒューマニティ ……59-61
ファシズム ……11,13,47,99
　——国家 ……91,138,143
　——体制 ……123
　——統制経済 ……151
　——独裁 ……15
フォード主義 ……92,139,143,148
二つの様式 ……128
普遍的主観 ……62
フランス革命 ……97,98
フリーメーソン ……149
フロネーシス ……134
文化的ヘゲモニー ……14,78,83,98
文献学……6,133,134
ヘーゲル『法哲学』 ……103
ヘゲモニー ……11,14,33,76,78-80, 82,96,105,121,150,153,160,161
　——階級 ……77,83
　——間の闘争……76,87,130
　——国家 ……152
　——装置 ……143
　——段階 ……77,132

スターリン体制 ………………16,124
西欧語「市民社会」 ……………101
生活世界 …………………………159
生産関係的側面 …………………154
生産の合理化 ……………………148
生産の社会化 ……………………104
生産力的側面 ……………………154
生産・労働の合理化 ……………142
政治 …………………………118,123
——科学 …………………………94
——学……………………39,94,162
——技術 …………………………117
——超克 …………………………162
——的上部諸構造 ………………12
——的力関係 ……………131,132
——的ヘゲモニー …………14,78
政治社会 ………74,80,95,96,104,162
——(官吏統治) ………………95
——という外殻 …………………116
——の市民社会への再吸収
……………………………102,162
聖職者 ……………………………88
生成 ……………………………48,59
政党 ………………………………89
西方 ………………………………12
性問題 ……………………………150
世界主義 …………………………97,98
責任 ………………………………114
絶対的歴史主義＝絶対的人間主義
…………………………32,43,47,120
説得 ……………………………96,142
全個人にとっての自由 …………111
全体主義体制 ……………………123
——＝ファシズム国家 …………124
専門家プラス政治家 ……………92
相互翻訳可能性 …………………46
相互連関の活動的関係 …………78
組織的性格の必然性 ……………55
ソ連邦 ………11,14,125,143,151,153

【タ行】

大衆社会 …………………………105
大知識人 …………………………89
力関係 ……………………………130
——の分析基準………131,146,154
知識人…………………14,34,70,71,96
——概念 ………………34,71,128
——層 ……………………………14,65
——－民衆の社会的ブロック …27,
30,32,41-43,50,65,68,82,91,156,163
知的道徳的秩序 ………………79,161
知的道徳的ヘゲモニー …………78
抽象の哲学 ………………………49
直接的支配 ………………………80
直接的な判断規準 ………………134
定比例の法則(定比の理) …135,150
哲学……………………………39,68,133
——・政治・歴史の同一性 …26,
41,43,47,156
——の根本問題 …………………41
哲学的唯物論 ……………………48
転職率 ……………………………149
伝統的知識人 ……………72,87,88
展望は国際的・出発点は国民的
……………………………………131
同意 ……………………………75,76
統一的文化体系 …………………62
道具的価値 ………………………134
統計的集団 ……………………70,131
統計的法則 ………………………134
統合国家 …………………97-99,125
統合的世界観 ……………………122
統治－強制装置 …………………104
道徳 ………………………………118
東方 ……………………………12,101
独裁 ……………………………96,98

——階級 ……………………68,74
支配 …………………………75,76,96
——階級として組織されたプロレタリアート ………………101
——と指導が未分化 …………129
自発的同意 ……………………80,81
『資本論』 …………………10,84,139
——に反する革命 ………………9
市民社会 ……………34,74,80,95,96,103,106,109,111,113,116,122,123,125,159,161,162
——（自己統治） ………………95
——の「離脱」…………………123
社会 ……………………………54,141
——統合 …………………………79
——の合理化 ……………142,148
社会学 ………51,94,157,158,161,162
——第一世代 ……………………30
——第二世代 ……………………30
——的法則 ……………………134
——の根本問題…………31,54,160
——の主題 ………………30,160
——の対象 ………………157,158
——の対象の二重性 ……158,159
社会主義的工業化 ……………151
社会組織化の機能 ……………75
社会的集合体 ……………………54
社会的順応主義 …………………83
社会党 ……………………………16
自由 ……………………………114
——の地盤 ……………………119
自由主義革命 ……………………9
自由主義の弱点 ………………113
集合的ないし集団の自由の個人的局面 ……………………………114
従属諸階級 ………………74,82
集団的意思 ……………………9,10
集団的自由 ……………………112
集団的人間 …………54,56,64,110
重複成員性 ………………………56
主観能動性 ……………………57,70
出生率 …………………………150
受動的革命 …………90,91,128,143
純政治的段階 …………………132
順応主義 ………………107,108
——への意思 ……………108,114
遵法精神 ………………………107
上部構造 ………………12,80-82
職業団体 ………………………105
序言定式 ……………12,39,42,48
「——」の方法的二区分原則 ……………………………146,147
諸個人間 ………………………118
女性の新しい人格形成 …………150
諸矛盾の十全な意識 …………42,43
自立的全体的な哲学 ……………49
自律的な科学としての政治学 …40,94
人格 ………………………………71
——形成の根幹問題 …………150
進化論 ……………………………48
新工業主義 ……………………150
——文明 ………………………139
人口構成 ………………141,144
——における定比例の法則 ……………………………145,147
人口再生産（生殖）……………150
人口資質 ………………………144
人口統計学 ……………………144
新資本主義 ……………………139
身体化 …………………………118
陣地戦 …………………………116
新ヘーゲル主義 ………………46,47
人民戦線 …………………………20
人類の統一 …………32,43,118,163
——的文化体系 ………………118
人類の文化的統一 ………………62

──言語 ……………………64
──次元 ……………………34,70
──次元の独自性 ……………34
──性 ………………………57,59
──と集合体との関係 ………160
「──と集合体（社会）」問題 ……………………31-34,51
──の自由 …………………34,112
国家 …………………………94
──イコール政治社会プラス市民社会 ……………………95
──が現れる二つの形態 ……95,101,106
──概念 ……………………122
──概念の拡大 ……………96
──概念の本質規定 ………94
──－強力の理論の完成 ……………………100,113
──権力 ……………………75,104
──死滅 ……………………102
──崇拝 ……………………124
──（政治社会）の市民社会への再吸収 …………………113,115
──的強制 …………………81,110
──となった階級 …74,94,111,162
──となった階級の現出二形態 ……………………102,113
──の経済的－同業組合的段階 ……………………97,98
──の現出形態 ……………95,128
──の『私的』な編成政党 …103
──の死（消）滅 …………115, 122
──の倫理－政治的契機 ……………………109,122
──の倫理的内容……109,116,159
──を「下」から支える ………111
『国家と革命』 ………………100,117
個別・特殊・普遍の弁証法 ……45,82,129
コミュニケーション ……………65
コミンテルン ……………11,16,17,20

【サ行】

再生産の経済的機能 ……………150
三次元の歴史方法論 …………28,33
三次元方法論 ………51,133,154,160
自己言及 …………………………42
──性 …………………………86
自己再帰 …………………………42
自己統治 ……………95,102,112,124
自己包括的複合体 ………31,45,57,82
──の論理構造 ………………129
下からの協力 ……………………79
実際的（諸）基準 ……27,51,81,99,128,131,133
実在的土台 ………………………12
実際の現実 ……………27,128,130
実際の歴史 ………………128,130
実証主義………………9,10,48,51,100
──社会学 ……………51,133,157
──批判 ………………………30
実証的方法論 ……………………134
実践 ………………………………47,48
──概念 ………………………33
──の転覆 ……………………32
実践の哲学………………30,39,42,43,45,85,146,161
──の社会学 ……………51,162
──の自立的全体性 ……46,47,49
──の統一的中心 ……………48
質に移行した量 …………………55
私的イニシアティブ……103,109,112
私的なものといわれる諸々の組織体 ……………………………103
史的唯物論……………10,12,39,45,68
指導 ……………………………75,76,96

——と同意の両（範疇）系列
……………………………95,117
——の鎧 …………………112,116
——の鎧を着たヘゲモニー …95
共通言語……………………64,79,106
協同 ………………………………63
——社会（アソシエーション）
………………………………116
——諸組織（諸アソシエーション）
………………………………103
——諸組織の体系 ……………121
——組織（アソシエーション）
……………………………31,63
——組織間・諸個人間 ………118
強力 ……………………………96,142
——国家観 ……………………100
規律 ………………………………114
近代化 …………………………90,99
近代（的）法治国家 ………………107
具体的な現実 ……………………48
具体的な哲学 ………………49,133
組合現象 …………………………105
軍事的力関係 ……………………132
計画経済 …………………………138
傾向的法則（性）……………51,145
経済警察 …………………………151
経済構造 …………………………12
経済主義的歴史観 ………………100
経済的階級 ………………………73
——の政府 ………………96,125
経済的－同業組合的段階 …77,79,99,
123,125,131,148
経済的平等 ………………………119
言語 ………………………………64
言語学 …………………………6,133
言語論的転回 ……………………106
現実 ……………………………47,59
——概念 ………………………59
——的行為の哲学 ……………48
現象学 ……………………………86
——的意味転換 ………………86
賢慮 ………………………………134
権力 ……………………………76,96
行為主義的観念論 ………………47
工業化………………9,11,104,139,150
——の方式 ……………………14
工業改革 …………………………151
工業社会 …………………………154
工業主義 …………………………154
工業労働 ……………………91,150
「公式」マルクス主義 ……………48
工場評議会運動 ……………………8
構造 ………………………12,81,82
——－上部構造 ……………27,156
——－上部構造関係 …………86
「——－上部構造」論 …42,43,48,70
——と上部構造との一体性 …42
——の意味転換 ………………86
——の上部構造への超克的練成
………………………………86
——の矛盾 ………42,140,145,147
——－量、上部構造－質 ……144
高賃金…………………139,142,149
行動の原理 ………………………43
合理化された社会 …………142,143
合理性問題 ………………158,159
合理的人口構成 ……………142,145
合理的なもの ……………………63
五ヶ年計画 ………………119,152
国際的－国民的視点 ………138,154
国際比較 …………………………138
国民国家 …………………………98
国民的－民衆的状況 ……………98
国民的－民衆的性格 ……………97
国民文化 …………………………98
個人 ……………………31,57,71

事項索引

【ア行】
新しい型の知識人……………91,150
新しい型の人間……………………149
新しい工業主義 …………………92
新しい批判社会学…… 29,35,157,162
アメリカ化のイタリア的形態 …151
アメリカ知識人……………………152
アメリカニズム……………………138
――とフォード主義 ………39,40
イエズス会…………………………149
イタリア共産党 …………………11
イタリア社会党 …………………11
イタリア知識人史 ……………39,40
一階級が国家となる ……………102
イデオロギー…………………69,146
――の地盤 ……………84-86,146
イニシアティブの源泉 …………86
オープンショップ運動 …………139
オルディネ・ヌオーヴォ
（新秩序）…………………………160
『オルディネ・ヌオーヴォ』／
ON誌…………………………… 8,91

【カ行】
外殻…………………………………116
階級 …………………………………69
――構成……………………………144
――史観……………………70,120
――史観の再構成 ……………70
――闘争 …………………………68
――同盟 …………………………14
蓋然的・経験則的な「傾向的法則」
…………………………………134
科学主義 …………………………48
拡大された国家 …………………159
――概念…………………28,99,156
仮説…………………………………146
カタルシス …………………………85
学校改革……………………………150
学校教育 ……………………………92
活動的関係………………31,33,48,57,
58,65,77,82,160
活動的社会集団 ………………72,73
要 ……………………………………33
観念論 ………………………9,41,47,49
官吏統治…………………………95,102
官僚制………………………………113
企業別の労働者組織 ……………148
技術教育 ……………………………91
機動戦………………………………117
基本的階級………………74,81,82,87
客観−主観の弁証法 ……………129
客観性 …………………………59,87
――のための闘争 ………………62
客観的な社会的力関係 …………131
客観的なものの主観的（主体的）
なものへの移行 ……………84,86
教育学的関係 ………………………78
教会の文化的機能 …………………98
強行的工業化 ………………………14
――路線……………………………152
『共産党宣言』……………………68,101
強制 …………………………………75
――（強力）と同意（説得） …142
――と同意の不均衡 ……………143

■著者紹介

鈴木　富久（すずき　とみひさ）

1945年、名古屋市に生まれる。
立命館大学大学院社会学研究科博士課程単位修得退学。
現在、桃山学院大学社会学部教授。社会学博士。

主要な著書・訳書

単著『グラムシ「獄中ノート」の学的構造』御茶の水書房（2009年）
単著『グラムシ「獄中ノート」研究―思想と学問の新地平を求めて』大月書店（2010年）
共著『巨大企業体制と労働者―トヨタ生産方式の研究』御茶の水書房（1985年）
共著『現代の労働と管理』汐文社（1985年）
共著『グラムシを読む―現代社会像への接近』法律文化社（1988年）
共編『グラムシ思想のポリフォニー』法律文化社（1995年）
共著『人間再生の社会理論』創風社（1996年）
共訳（A・ハント編）『階級と階級構造』法律文化社（1979年）
共訳（D・ロズールド著）『グラムシ実践の哲学―自由主義から《批判的共産主義》へ』文理閣（2008年）

Antonio Gramsci: The PRISON NOTEBOOKS as Critical Sociology

〈シリーズ世界の社会学・日本の社会学〉
アントニオ・グラムシ―『獄中ノート』と批判社会学の生成

2011年2月10日　　初　版第1刷発行　　〔検印省略〕

定価はカバーに表示してあります。

著者©鈴木富久／発行者 下田勝司　　印刷・製本／中央精版印刷

東京都文京区向丘1-20-6　　郵便振替 00110-6-37828
〒113-0023　TEL (03) 3818-5521　FAX (03) 3818-5514
発行所 株式会社 東信堂
Published by TOSHINDO PUBLISHING CO., LTD.
1-20-6, Mukougaoka, Bunkyo-ku, Tokyo, 113-0023, Japan
E-mail : tk203444@fsinet.or.jp　http://www.toshindo-pub.com

ISBN978-4-7989-0036-0 C3336　

東信堂

（シリーズ　社会学のアクチュアリティ：批判と創造　全12巻＋2）

クリティークとしての社会学―現代を批判的に見る眼	西原和久・宇都宮京子 編	一八〇〇円
都市社会とリスク―豊かな生活をもとめて	藤田弘夫・浦野正樹 編	二〇〇〇円
言説分析の可能性―社会学的方法の迷宮から	佐藤俊樹・友枝敏雄 編	二〇〇〇円
グローバル化とアジア社会―ポストコロニアルの地平	新津晃一・吉原直樹 編	二三〇〇円
公共政策の社会学―社会的現実との格闘	武川正吾・三重野卓 編	二〇〇〇円
社会学のアリーナへ―21世紀社会を読み解く	友枝敏雄・厚東洋輔 編	二二〇〇円

（地域社会学講座　全3巻）

地域社会学の視座と方法	似田貝香門 監修	二五〇〇円
グローバリゼーション／ポスト・モダンと地域社会	古城利明 監修	二五〇〇円
地域社会の政策とガバナンス	岩崎信彦・矢澤澄子 監修	二七〇〇円

（シリーズ世界の社会学・日本の社会学）

タルコット・パーソンズ―最後の近代主義者	中野秀一郎	一八〇〇円
ゲオルグ・ジンメル―現代分化社会における個人と社会	居安　正	一八〇〇円
ジョージ・H・ミード―社会的自我論の展開	船津　衛	一八〇〇円
アラン・トゥーレーヌ―現代社会のゆくえと新しい社会運動	杉山光信	一八〇〇円
アルフレッド・シュッツ―主観的時間と社会的空間	森　元孝	一八〇〇円
エミール・デュルケム―社会の道徳的再建と社会学	中島道男	一八〇〇円
レイモン・アロン―危機の時代の透徹した警世家	岩城完之	一八〇〇円
フェルディナンド・テンニエス―ゲマインシャフトとゲゼルシャフト	吉田　浩	一八〇〇円
カール・マンハイム―時代を診断する亡命者	澤井　敦	一八〇〇円
ロバート・リンド―アメリカ文化の内省的批判者	園部雅久	一八〇〇円
アントニオ・グラムシ―『獄中ノート』と批判社会学の生成	鈴木富久	一八〇〇円
費孝通―民族自省の社会学	佐々木衞	一八〇〇円
奥井復太郎―都市社会学と生活論の創始者	藤田弘夫	一八〇〇円
新明正道―綜合社会学の探究	山本鎭雄	一八〇〇円
米田庄太郎―新総合社会学の先駆者	中　久郎	一八〇〇円
高田保馬―理論と政策の無媒介的統一	北島　滋	一八〇〇円
戸田貞三―家族研究・実証社会学の軌跡	川合隆男	一八〇〇円
福武直―民主化と社会学の現実化を推進	蓮見音彦	一八〇〇円

〒113-0023　東京都文京区向丘 1-20-6　TEL 03-3818-5521　FAX03-3818-5514　振替 00110-6-37828
Email tk203444@fsinet.or.jp　URL:http://www.toshindo-pub.com/

※定価：表示価格（本体）＋税

東信堂

スレブレニツァ—あるジェノサイドをめぐる考察	長　有紀枝	三八〇〇円
2008年アメリカ大統領選挙—オバマの勝利は何を意味するのか	吉野　孝・前嶋和弘 編著	二〇〇〇円
オバマ政権はアメリカをどのように変えたのか—支持連合・政策成果・中間選挙	吉野　孝・前嶋和弘 編著	二六〇〇円
政治学入門	内田　満	一八〇〇円
政治の品位—日本政治の新しい夜明けはいつ来るか	内田　満	二〇〇〇円
日本ガバナンス—「改革」と「先送り」の政治と経済	曽根泰教	二八〇〇円
「帝国」の国際政治学—冷戦後の国際システムとアメリカ	山本吉宣	四七〇〇円
入門政治学—政治の思想・理論・実態	仲島陽一	二三〇〇円
解説　赤十字の基本原則—人道機関の理念と行動規範（第2版）	J・ピクテ　井上忠男 訳	一〇〇〇円
赤十字標章ハンドブック	井上忠男 編訳	六五〇〇円
医師・看護師の有事行動マニュアル—医療関係者の役割と権利義務	井上忠男	一二〇〇円
社会的責任の時代	功刀達朗・野村彰男 編著	三二〇〇円
国際NGOが世界を変える—地球市民社会の黎明	功刀達朗・毛利勝彦 編著	二〇〇〇円
国連と地球市民社会の新しい地平	功刀達朗・内田孟男 編著	三四〇〇円
大杉榮の思想形成と「個人主義」	飛矢崎雅也	二九〇〇円
実践　ザ・ローカル・マニフェスト	松沢成文	一二三八円
実践　マニフェスト改革	松沢成文	二三〇〇円
受動喫煙防止条例	松沢成文	一八〇〇円
〔現代臨床政治学シリーズ〕		
リーダーシップの政治学	石井貫太郎	一六〇〇円
アジアと日本の未来秩序	伊藤重行	一八〇〇円
象徴君主制憲法の20世紀的展開	下條芳明	二〇〇〇円
ネブラスカ州における一院制議会	藤本一美	一六〇〇円
ルソーの政治思想	根本俊雄	二〇〇〇円
海外直接投資の誘致政策—インディアナ州の地域経済開発	邊牟木廣海	一八〇〇円

〒113-0023　東京都文京区向丘1-20-6　TEL 03-3818-5521　FAX03-3818-5514　振替 00110-6-37828
Email tk203444@fsinet.or.jp　URL:http://www.toshindo-pub.com/

※定価：表示価格（本体）＋税